DELIUS KLASING

Bibliografische Information der Deutschen Nationalbibliothek
Die Deutsche Nationalbibliothek verzeichnet diese Publikation in der Deutschen Nationalbibliografie; detaillierte bibliografische Daten sind im Internet über http://dnb.d-nb.de abrufbar.

3. Auflage
ISBN 978-3-7688-1771-4

Fotos (einschließlich Umschlag): Heike Dusswald
Illustrationen: Rudi Kappler
Umschlaggestaltung: Ekkehard Schonart
Layout: Gabriele Engel
Druck: Kunst- und Werbedruck, Bad Oeynhausen
Printed in Germany 2009

Delius Klasing Verlag, Siekerwall 21, D-33602 Bielefeld
Tel.: 0521/559-0, Fax: 0521/559-115
E-Mail: info@delius-klasing.de
www.delius-klasing.de

Inhalt

Emotionen

Speedrausch, ohne Nebenwirkungen, legal und absolut berauschend.

Switch, auch andersherum, kann reizvoll sein.

surf
action.com

*Powerhalse, der Klassiker –
Lieblingsmove aller Windsurfer.*

the surf action.company

Sprung, Schwerelosigkeit als Urwunsch der Menschheit – wenn sich der Windsurfer in die Lüfte erhebt, ist das das Tor zur nächsten Dimension.

WAVE
4.2

Air Jibe, in den Schlaufen, in der Luft, und dann noch gedreht – nicht geschüttelt.

Ein bisschen Spaß muss sein ...

Einführung und Begrüßung

Oder die drei Ks – Lust statt Frust

Der Winter ist vorbei und bei den ersten warmen Sonnenstrahlen zieht es den Windsurfer und sein weibliches Gegenstück auf das heißersehnte Wasser. Also schnell aufs Brett und Gas geben. Doch schon kurz nach den ersten Brett- und Gabelbaumkontakten ist häufig die Luft raus. Tief durchatmen am Strand ist angesagt und das, obwohl doch eigentlich Top-Bedingungen sind, das ärgert. Das gleiche Phänomen lässt sich auch bei Windsurfern beobachten, die nur sehr selten, im schlechtesten Fall nur einmal pro Jahr auf das Brett kommen.
Wer jetzt behauptet, »das liegt alles am Trainingszustand«, und damit das Windsurftraining insgesamt meint, hat sicherlich Recht, denn auch beim Windsurfen gilt natürlich »Training macht den Meister«. Wer damit allerdings die allgemeine Kondition meint, hat nur bedingt Recht. Denn eines sollte uns klar sein: Je anstrengender unser Manövertraining oder anders ausgedrückt die Bewegungsausführung ist, desto schneller lassen Kondition, Konzentration, aber auch die wichtige Koordination nach (wir nennen sie mal die drei Ks).
Wie kann man diesen Ermüdungseffekt nun verhindern oder zumindest den »starken« Zeitraum vergrößern?
Wir legen dir auf den folgenden Seiten unseres Buches dar, dass jedes Manöver aus Einzelteilen besteht, die wir Bausteine nennen. Diese Bausteine lassen sich wesentlich einfacher, d.h. kraft- und zeitsparender trainieren, als das beim komplexen Manövertraining möglich ist. Mit anderen Worten gelingt es dir mit dieser Methode, in einer geringeren Zeit viel zu trainieren und dadurch die drei Ks nicht überzubeanspruchen.
Dein Vorteil ist, dass du nicht nur mit deinen drei Ks besser haushalten und dadurch wesentlich mehr Zeit beim Windsurfen auf dem Wasser verbringen kannst, sondern dass dadurch dein Erlebnisfaktor Windsurfen natürlich noch einmal deutlich gesteigert wird. Kurz gesagt: mehr Spaß bei weniger Anstrengung auf dem Wasser.
Wer immer wieder versucht das ganze Manöver zu üben, ohne entsprechende Vorübungen gemacht zu haben, fällt dabei häufig ins Wasser. Die meisten Ks werden somit nicht beim Manöverüben, sondern beim Neustarten verschwendet. Frust und Erschöpfung liegen hier ganz dicht beieinander.
Das Motto unseres Trainings sollte also lauten »Lust statt Frust«.
Die Lösung dazu ist das Baustein-Prinzip und das Umsetzen des Druckpunktorientierten Windsurfens.

Zu diesem Buch

Der erste Kontakt zum Baustein-Prinzip

Liebe Windsurferinnen und Windsurfer. Dieses Buch haben wir dir als einer/einem der vielen tausend Surfbegeisterten gewidmet, die einen, wenn nicht sogar den größten Teil ihrer wertvollen Freizeit in unseren Traumsport Windsurfen investieren. Um die Lesbarkeit des Buches zu gewährleisten, haben wir uns für den Rest des Textes für die traditionelle männliche Schreibweise entschieden.

Damit dein Aufwand beim Windsurfen in einem gesunden Verhältnis zum Spaß, dem Lernerfolg und dem Weiterkommen steht, laden wir dich ein, dieses Buch zu genießen. Lass dir plausibel erklären und darstellen, wie Windsurfen einfach und effektiv funktioniert. Uns geht es nicht darum, hier einen neuen Trend zu setzen, der morgen schon wieder out ist. Vielmehr möchten wir dir über das »Baustein-Prinzip« die Grundlagen aller gängigen Windsurfmanöver vermitteln, die du benötigst, um vom Trapezfahren über die Powerhalse bis zum Frontloop zu gelangen.

Dabei stellt schon das Üben und Trainieren jedes einzelnen Manöverbausteins eine kleine Herausforderung dar, die aber bei weitem erfolgreicher und spaßverbundener zu deinem Wunschmanöver führt als das bisher übliche Training eines komplexen Manövers.

Nebenbei trainierst du beim Üben einzelner Bausteine nicht nur die Basis deines eigentlichen Wunschmanövers. So enthalten Manöver wie z. B. die Powerhalse, die Duck Jibe, die Helikopterwende und der Frontloop identische Bausteine. Hast du einen entsprechenden Baustein wirklich trainiert und verinnerlicht, beherrschst du gleichzeitig Manöverteile weiterer Moves.

Neben dem »Baustein-Prinzip« zeigen wir dir über das »Druckpunktorientierte Windsurfen« Wege auf, wie du Energie und Kraft sinnvoll einsetzt, sodass daraus eine Technik entsteht, die es dir ermöglicht, möglichst langfristig Spaß beim Windsurfen zu haben und nicht schon nach wenigen Manövern ausgepowert zurück an den Strand zu müssen.

Natürlich haben wir für dich auch ausführliche Beschreibungen und Übungsformen aller notwendigen Bausteine des Windsurfens zusammengestellt.

Wir wünschen dir nun viel Spaß beim Lesen, Verstehen, Umsetzen und Erleben deiner Windsurfkarriere als fortgeschrittener Windsurfer.

Das Baustein-Prinzip

1

2

Dieses Prinzip basiert auf der Tatsache, dass sich alle Manöver beim Windsurfen aus Manöverbausteinen zusammensetzen, die, wenn du sie beherrschst und in die richtige Reihenfolge setzt, das entsprechende Wunschmanöver entstehen lassen. Dabei ist es egal, ob es um den »ordinären« Wasserstart, die legendäre Powerhalse oder um verdrehte Moves aus dem Freestylebereich geht. Und da liegt der Trick unseres Trainingskonzeptes: Statt komplexer Manöverfolgen trainierst du Bausteine, die du bei fast jedem Wind und mit fast jedem Material sehr leicht erlernen kannst.

Das Problem beim Windsurfen ist, dass die Manöver im fortgeschrittenen Stadium immer komplexer werden. Die Powerhalse als Beispiel dauert ca. 3–4 Sekunden. In dieser kurzen Zeit musst du an 8–10 unterschiedliche Bewegungen denken und diese koordinieren. Aus sportwissenschaftlicher Sicht kann sich das menschliche Bewusstsein in dieser kurzen Zeit nicht auf eine solche Vielzahl neuer Bewegungen konzentrieren. Ein gut trainiertes Gehirn kann bewusst maximal drei Bewegungen gleichzeitig verarbeiten. Daher sollte das Ziel sein, Bewegungen so oft zu trainieren, bis sie automatisiert sind. Jetzt muss das Gehirn sich nicht mehr aktiv kümmern, sondern die Bewegungen laufen au-

3

4

1 *Körperposition Luv-/Lee-Ebene*
2 *Schiften*
3 *Aktive Gewichtsverlagerung*
4 *Körperspannung*
5 *Fußsteuerung*
6 *Duck schiften*
7 *Mastfußorientierung*
8 *Druckpunktorientiertes Windsurfen*

tomatisch ab. Das gilt natürlich auch für Fehler, die sich einschleichen und dann schwer zu korrigieren sind. Unser Buch soll dir helfen, die richtigen Bewegungen zu lernen und zu automatisieren.

Erschwerend kommt beim Bewegungsablauf fortgeschrittener Manöver dazu, dass alles nun auch noch im Gleiten, bei schneller Fahrt auf einem kleinen Board geschieht. Neben den üblichen Windwellen stören auch noch andere Windsurfer, die sich auf dem Wasser befinden. Es ist also vorprogrammiert, egal wie viel Talent im Spiel ist, dass beim Erlernen der Powerhalse Hunderte von Malen »gewassert« wird.

Das Reinfallen, das anschließende Ausrichten und Neustarten kostet viel an Kraft und Kondition, senkt den Spaßfaktor enorm und führt durch Misserfolge zur Frustration. Unser Motto ist: Mach es dir so einfach wie möglich! Zerlege die Manöver in ihre Bausteine und trainiere diese einzeln. Du wirst viel weniger ins Wasser fallen, hast somit länger Kraft und Kondition auf dem Wasser und schnellere Erfolgserlebnisse.

Wir haben auf dieser Seite einige der wichtigsten Bausteine zusammengestellt, um dir zusätzlich einen optischen Eindruck davon zu verschaffen, worüber wir hier sprechen.

9

10

Wenn es dir gelingt, die Bausteine zu automatisieren, die jeweilige Bewegung also in Fleisch und Blut übergehen zu lassen, lässt sich damit viel schneller und erfolgreicher ein Manöver trainieren. Beim herkömmlichen Training, in Form von komplexen Manövern, unterliegen wir als Windsurfer einer ständigen Überforderung. Beim Baustein-Prinzip werden die Anforderungen Stück für Stück angepasst.

Beim Baustein-Prinzip setzt du Stein für Stein zusammen und erreichst somit sehr bewusst und zielgerichtet die Voraussetzungen für dein Wunschmanöver, aber auch für eine beträchtliche Anzahl neuer Manöver, die dir bis dato vielleicht noch gar nicht in den Sinn gekommen sind. Die Zeit, die dir für das Durchfahren deines Wunschmanövers zur Verfügung steht, und die Bedingungen, in denen du übst, werden nach unserem Prinzip entzerrt.

Wichtig ist, dass du die Bausteine so lange trainierst, bis sie blind und bei allen Bedingungen funktionieren. Erst dann sind sie automatisiert und laufen auch in der Gesamtbewegung und bei Gleitwind eben automatisch ab. Du hast nun Kapazitäten im Kopf frei, um dich auf andere Bewegungen, die noch nicht automatisiert sind, zu konzentrieren und kommst so Schritt für Schritt deinem Ziel näher.

11

12

18

17

Um dein Lernen zu erleichtern, verweisen wir natürlich in jedem einzelnen Manöver auf die Bausteine, die zum Erlernen des entsprechenden Manövers relevant sind. Zu jedem Manöver findest du ein Baustein-Menü, das wir für dich angelegt haben. Neben dem gesamten Baustein-Menü für das vollständige Manöver findest du in jedem einzelnen Teil deines Wunschmanövers die jeweilig relevanten Bausteine in den Bildern wieder. Im »Bausteinkasten« ab Seite 117 findest du die genaue Erläuterung und entsprechende Übungsformen für die Bausteine. Du solltest dich damit vertraut machen, bevor du dich mit den Manövern beschäftigst. Wir unterscheiden bei den Bausteinen lediglich zwischen denen, die für gefahrene, und denen, die für gesprungene Manöver relevant sind.

9 In Lee fahren
10 Switch fahren
11 Körperspannung
12 Klimmzug
13 Aktive Segelsteuerung
14 Carven
15 Steuern in Lee
16 Schothorn voraus fahren
17 Schiften
18 Kopfsteuerung

16

15

13

14

Die Manöver-Pyramide, die Sprung-Pyramide und ihre Bausteine

Die Manöver-Pyramide

Bausteine (links, Cool Moves)
- *Fußsteuerung in Lee*
- *Schothorn durch den Wind drücken*
- *Leefahrt*
- *Steuern in Lee*
- *Duck schiften*
- *Switch fahren*

Cool Moves
- ***Backwind Jibe***
- ***Carving 360***
- ***Race Jibe***
- ***Duck Jibe***
- ***Duck Tack***
- ***Push Tack***
- ***Donut***
- ***Heli Tack***

Bausteine (rechts, Cool Moves)
- *Schothorn durch den Wind drücken*
- *Switch fahren*
- *Segel leicht stellen*
- *Duck schiften*
- *Steuern in Lee mit Schothorn voraus*
- *Steuern in Lee*
- *Leefahrt*

Bausteine (links, Aufsteiger-Manöver)
- *Fußsteuerung*
- *Segelkraft folgen*
- *Fußwechsel (evtl. Switch fahren)*
- *Schothorn voraus fahren*
- *Schiften*

Aufsteiger-Manöver
- ***Powerhalse***
- ***Carven***
- ***Halse***
- ***Schnelle Wende***
- ***Wende***

Bausteine (rechts, Aufsteiger-Manöver)
- *Aktive Gewichtsverlagerung*

Basics
- ***Wasserstart***
- ***Beachstart***

Angleiten/Gleiten/Schlaufen fahren

- ***Speedfahren***
- ***Trapez***

Bausteine (Basics)
- *Segel leicht stellen*
- *Aktive Segelsteuerung*
- *Mastfuß-orientierung*
- *Kopfsteuerung*
- *Druckpunktorientiertes Windsurfen*
- *Körperspannung*
- *Körperposition Luv-/Lee-Ebene*
- *Bewegung über das Brett*

Gefahrene Manöver

Hier haben wir dir als Ausblick auf die kommenden Moves unsere Manöver-Pyramide im Baustein-Prinzip abgebildet. Die Pyramide unterteilt sich in Basics, Aufsteigermanöver und Cool Moves. Diese drei Teile bauen von unten nach oben aufeinander auf. Hier ein praktisches Beispiel: Um eine Powerhalse fahren zu können, musst du das Gleiten und Fußschlaufen-Fahren beherrschen.

Die drei Teile der Manöver-Pyramide sind farblich gekennzeichnet. Die Basics sind, wie der Name schon sagt, die Grundlagen aller Aufsteigermanöver und Cool Moves. Die Aufsteigermanöver und Cool Moves sind jeweils nochmals unterteilt in Manöver nach Lee gefahren, also Halsenmanöver (linke Seite), und Manöver nach Luv gefahren, also Wendenmanöver (rechte Seite). Um die Pyramide herum befinden sich die Bausteine, aus denen sich die Manöver zusammensetzen. Die Basic-Bausteine sind Grundlage aller Manöver und stehen deshalb unter der Pyramide. Die Aufsteigerbausteine und Cool Moves-Bausteine sind ebenfalls unterteilt in Bausteine für Halsenmanöver (linke Seite) und in Bausteine für Wendenmanöver (rechte Seite). Hierdurch kann es zu Überschneidungen bei den Aufsteiger- und Cool Moves-Bausteinen kommen.

Die Sprung-Pyramide

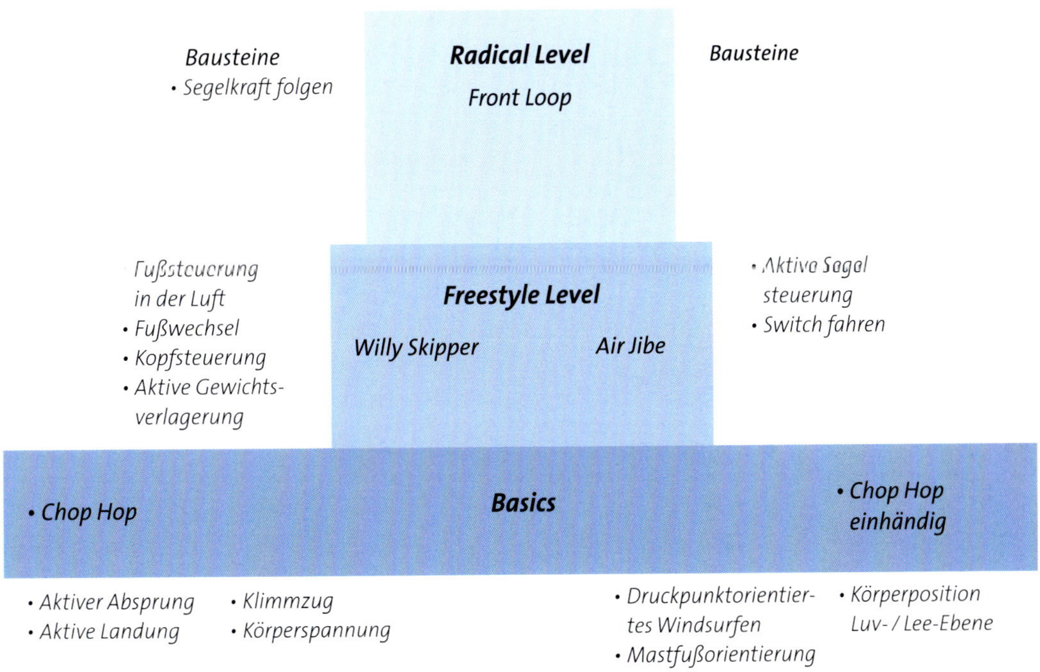

Hier noch mal ein Beispiel für die Wende: Du benötigst die Basic-Bausteine Körperposition in Luv-/Lee-Ebene, aktive Segelsteuerung, Mastfußorientierung, Körperspannung, Druckpunktorientiertes Surfen, Bewegung übers Brett, Kopfsteuerung und zusätzlich die Aufsteigerbausteine aktive Gewichtsverlagerung, Fußsteuerung sowie Fußwechsel.

Du kannst anhand der Baustein-Pyramide sehr gut erkennen, dass du, wenn du z. B. die Powerhalse gut beherrschst, für jeden Cool Move nur zwei oder drei Bausteine hinzulernen musst. Die oftmals so komplex wirkenden Cool Moves basieren also zu einem großen Teil auf schon bekannten Bausteinen der Basics sowie der Aufsteigermanöver. Wenn du diese Methode konsequent anwendest, trainierst du befreit und effektiv.

Sprungmanöver

Bei der Sprung-Pyramide gibt es keine Unterteilung in nach Luv und nach Lee gesprungene Manöver. Auch bauen die drei Levels nicht von unten nach oben aufeinander auf. Man kann somit nach dem Erlernen des Basic Level auch direkt das Radical Level trainieren. Die Bausteine, in die sich die Manöver unterteilen, sind wieder neben die Pyramide gesetzt.

Druckpunktorientiertes Windsurfen

Fortgeschrittenes Windsurfen bedeutet druckpunktorientiertes Windsurfen.
Die Diplom-Physiker unter den Lesern mögen diese starke Vereinfachung bitte verzeihen, aber wir versuchen hier die Zusammenhänge so plastisch und praxisnah wie möglich darzustellen.
Wir Windsurfer jonglieren gerne mit drei synonymen Begriffen, die die wirkenden Kraftpunkte beschreiben sollen:

- Druckpunkt
- Drehpunkt
- Schwerpunkt

Da der Druckpunkt im Surferkreis allgegenwärtig zu sein scheint, bleiben wir der Einfachheit halber bei diesem einen Begriff. Wo taucht dieser Druckpunkt in der Praxis auf?

1. als Druckpunkt des Boards (Fachbegriff ist hier »Lateraldruckpunkt«)
2. als Druckpunkt des Körpers (Windsurfer)
3. als Druckpunkt des Segels / Riggs (Segeldruckpunkt)

Der Druckpunkt im Board zeigt, wo es langgeht.
Für uns Windsurfer ist der Druckpunkt im Board der wirklich maßgebliche, denn an diesem Punkt orientieren sich alle anderen genannten Druckpunkte. Der Druckpunkt im Surfboard wandert je nach Geschwindigkeit des Brettes. Je langsamer das Brett fährt, je niedriger also der dynamische Auftrieb ist, desto weiter liegt dieser Boarddruckpunkt in der Mitte des Brettes. Je schneller das Brett fährt, je höher also der dynamische Auftrieb im Brett wird, desto weiter wandert dieser Boarddruckpunkt nach hinten in Richtung Heck.

Am Boarddruckpunkt orientieren wir Windsurfer sowohl unsere eigene Stand- und Körperposition als auch die Position des Riggs und somit des Segeldruckpunktes. Der Druckpunkt im Brett ist sozusagen richtungsweisend für die Ausrichtung aller anderen Druckpunkte, da er vom Shaper fixiert und ausschließlich durch die Fahrtgeschwindigkeit verändert werden kann.
Sowohl die Körperposition und damit der Körperdruckpunkt als auch die Riggposition und damit der Segeldruckpunkt können variabel ausgerichtet werden. Nur wenn wir beim Surfen Körper- und Riggposition an den Druckpunkt im Brett anpassen und die drei Druckpunkte im Lot übereinander positionieren, bleiben wir optimal in Geradeausfahrt. Durch kurzzeitige Verlagerung der Druckpunkte steuern wir. Der Surfer (Körperdruckpunkt) ist das Bindeglied zwischen Board- und Segeldruckpunkt. Nur wer beim Windsurfen diese Aspekte beherzigt, lernt schnell, kraftsparend und mit viel Spaß.
Je fortgeschrittener ein Manöver ist, desto exakter müssen die drei Druckpunkte übereinander gestellt werden. Ein großer Teil der modernen Freestylemanöver, die wir teilweise physikalisch selbst auf dem Papier nicht mehr nachvollziehen können, funktioniert nur aus diesem einen Grund: Die Druckpunkte stehen in den entscheidenden Momenten zu 100 % übereinander.
Rechts ein paar Beispiele für die Druckpunktwanderung im Board:

Langsame Fahrt
Der Druckpunkt im Brett ist weit vorn, die Füße – und damit der Körperdruckpunkt – stehen weit vorn, und das Segel ist aufrecht, der Segeldruckpunkt somit auch vorn.

Beschleunigung
Der Druckpunkt im Brett beginnt nach hinten zu wandern, die Füße – und damit der Körperdruckpunkt – werden nach hinten gesetzt. Das Segel – und somit der Segeldruckpunkt – folgt ebenfalls nach hinten.

Freie Gleitfahrt
In dieser Phase liegt der Brettdruckpunkt weit hinten, der Körperdruckpunkt liegt zwischen den Füßen, und das Rigg, somit auch der Segeldruckpunkt, ist stark in Richtung Heck geneigt.

Hier ein Beispiel für die Gesamtabstimmung der drei Druckpunkte in unterschiedlichen Fahrsituationen / auf unterschiedlichen Kursen:

Das Druckpunktorientierte Windsurfen findest du im Bausteinkasten auf Seite 121.

Amwind-Kurs
Die Gleitgeschwindigkeit ist langsam, der Boarddruckpunkt weit vorn, der Oberkörper nach vorn gelehnt und das Segel aufrecht. Dieser Kurs ist anstrengend zu fahren.

Halbwindkurs
Gute Gleitgeschwindigkeit, der Boarddruckpunkt liegt zwischen den Füßen, das Körpergewicht ist auf beide Füße verteilt, der Segeldruckpunkt zentriert vor dem Körper und über dem Brettdruckpunkt. Dieser Kurs ist sehr angenehm zu fahren.

Raumschot-Kurs
Das Brett liegt nur noch mit dem Heck und der Finne im Wasser, der Boarddruckpunkt ist ganz hinten, das Körpergewicht ist über dem hinteren Bein und das Segel weit zum Heck gelehnt. Dieser Kurs ist schnell, aber anstrengend zu fahren.

Die Druckpunktampel

Das A und O für das Lernen beim Windsurfen ist unser Wohlbefinden und die Kontrollierbarkeit. Dieses ist umso besser, je exakter du die Druckpunkte übereinander positionierst, also im Lot übereinander stellst. Befinden sich die Druckpunkte nicht übereinander, entstehen Kräfte, die du durch einen erhöhten Muskel- und Technikaufwand kompensieren musst. Das zehrt an deiner Kondition und macht das Manöverlernen häufig unmöglich.
Gleichzeitig bewirken Druckpunkte, die nicht übereinander angeordnet sind, dass es in vielen Fällen zu einer Änderung der Fahrtrichtung kommt. Wenn du dich auf dem Brett z. B. besonders weit nach hinten stellst, dein Gewicht also nach hinten verlagerst, wird das Brett anluven. Das überhöhte Gewicht auf dem Heck bewirkt ein Ausweichen des Brettes um seinen Druckpunkt herum. Dieses Ausweichen ist immer nach Lee ausgerichtet. Weicht also das Heck nach Lee aus, wird der Bug nach Luv gehen und dein Brett luvt an.
Ein weiteres Beispiel: Du neigst dein Segel ganz besonders weit nach vorn, das Brett behält seine Geschwindigkeit bei, damit ist der Druckpunkt im Brett konstant, und deine Körperposition bleibt stabil. Das Segel, das ja nun weit vor dem Druckpunkt des Brettes eine Kraft ausübt, bewirkt, dass der Bug vom Wind weggedrückt wird – dein Brett fällt entsprechend ab.

Die meisten der klassischen Manöver, aber auch der modernen Freestyle-Manöver wären schlicht nicht fahrbar, wenn der Windsurfer nicht intuitiv die Druckpunkte im Lot halten würde. Nur zur Manövereinleitung oder aber um eine extreme Manöverbewegung wieder zu stoppen, wird dieses Gleichgewicht kurzfristig verändert.
Warum sollten wir es uns also schwerer machen als die Profis?

Ampelanlage

Die Druckpunktampel
Damit du leicht erkennen kannst, wo gerade welcher Druckpunkt liegt, haben wir ein Ampelsystem entwickelt. Die rote Farbe steht für den Segeldruckpunkt, die gelbe Farbe für den Körperdruckpunkt und die grüne Farbe für den Boarddruckpunkt. Außerdem erkennst du an dem Richtungspfeil, wohin die Reise geht (Fahrtrichtung). Mit der Druckpunktampel kannst du leicht erkennen, wie die Druckpunkte in jeder Phase des Manövers zueinander ausgerichtet sein sollten. Befinden sich die jeweiligen Ampelleuchten in Fahrtrichtung weiter vorn, orientiert sich der jeweilige Druckpunkt auch weiter nach vorn. Befinden sich die jeweiligen Ampelleuchten entgegen der Fahrtrichtung, setzt der entsprechende Druckpunkt weiter hinten an. Hier ein paar Manöverbeispiele:

Air Jibe

Schnelle Wende

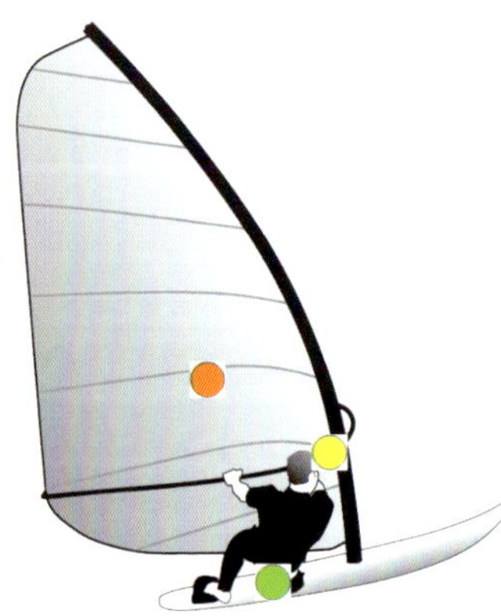

Backwind Jibe

Donut

Powerhalse

Frontloop

Duck Jibe

Hinweise zum richtigen Training

Nicht nur für das Baustein-Prinzip gilt, dass du immer unter optimalen Bedingungen trainieren solltest. Damit wirklich alles optimal »fluppt«, haben wir dir hier ein paar Anhaltspunkte und Regeln zusammengestellt.

Die goldenen (Trainings-)Regeln

- Achte immer darauf, dass dein Trainingsraum frei ist. Wenn du also ein Manöver nach Lee fahren möchtest, überprüfe den Leeraum, wenn es nach Luv gehen soll, entsprechend den Luvraum.
- Trainiere immer vom Leichten zum Schweren.
- Trainiere immer vom Bekannten zum Unbekannten.
- Trainiere immer einen Schritt/Baustein nach dem anderen. Erst wenn Abläufe »blind« funktionieren, sind sie automatisiert, ab hier geht's vorwärts.
- Trainiere Segel- und Brettkontrolle auch bei wenig Wind
- Je mehr Kontrolle du über das Material hast, desto leichter fällt dir das Surfen, desto weniger werden deine Kondition, Koordination und Konzentration beansprucht und desto mehr Surfspaß hast du.
- Wenn du Veränderungen vornimmst, z. B. das Brett oder das Segel wechselst, verändere immer nur eine Komponente gleichzeitig.
- Alles was Spaß macht, ist erlaubt, und du glaubst gar nicht, was alles Spaß macht ...

Darum gilt für die Wahl deines Trainingsmaterials:

Verwende im Idealfall ein Board,

- das genügend Überschussvolumen hat
- das leicht angleitet
- das gut durchgleitet
- das gut kontrollierbar ist
- das Fehler verzeiht
- das trotzdem wendig ist

Verwende im Idealfall ein Rigg,

- das leicht ist
- das manöverorientiert ist
- das keine Camber hat (zum Manövertraining)
- das möglichst klein ist, dich aber trotzdem ins Gleiten bringt

Manöver-Fahrtechnik

Auf den folgenden Seiten haben wir dir die gängigsten Aufsteiger-Manöver und schon mal einen Ausblick auf die hohe Kunst des Freestyle-Einstiegs zusammengefasst. Die Bildreihen sind durchnummeriert, und wir haben zur Orientierung einen Pfeil eingezeichnet, der Aufschluss über die Windrichtung gibt. Jede Manöversequenz ist natürlich beschrieben, und kleine, ergänzende Fotos geben dir im »Splitscreen«-Verfahren Aufschluss über entsprechende Schlüsselsituationen. Damit du auch zu jeder Zeit Bescheid weißt, welcher Baustein in welcher Phase des Manövers eingesetzt werden muss, haben wir dir neben dem allgemeinen Baustein-Menü zu jeder Sequenz die aktuellen Bausteine aufgelistet.
Jeder Baustein wird in dem Kapitel »Bausteinkasten« ab Seite 117 genauestens erklärt und mit entsprechenden Übungen dargestellt.

DAS KRAFTSPARPAKET

Trapezfahren – die Leichtigkeit des Surfens

Vorher war der K(r)ampf, jetzt kommt die Lust. Sobald du gelernt hast, dein Rigg im Gleichgewicht zu halten und dabei dosiert das Segel zu öffnen und zu schließen, bist du bereit für das Trapezfahren. Hier übernimmt der Trapeztampen, der mit dem Gabelbaum verbunden ist und möglichst exakt dem Druckpunkt des Segels gegenüber angebracht sein sollte, die Arbeit, die bis dato von deinen Händen und Armen geleistet werden musste.
Viel Spaß beim lockeren, entspannten Windsurfen!

1 Geradeausfahrt

Halte deine Hände unmittelbar vor und hinter dem Trapeztampen. Stelle dich mit deinen Füßen in schulterbreiter Stellung über den Board-Druckpunkt. Damit hast du alles im Griff.

Dein Mastarm sollte gestreckt sein. Am besten stehst du leicht gebeugt und bewegungsbereit in den Knien.

Baustein-Menü

- Druckpunktorientiertes Windsurfen

Breite Grifftechnik/Sicherheitsgriff: Vermittelt dir beim Surfen ein sicheres Gefühl. Allerdings spürst du auch sehr wenig von dem Druckpunkt im Segel.

Baustein-Menü Trapezfahren

- Druckpunktorientiertes Windsurfen
- Mastfußorientierung
- Körperspannung
- Körperposition in Luv- / Lee-Ebene

2 Segel zum Körper

Gehe noch ein wenig mehr in die Knie und lasse deinen Po leicht durchhängen. Ziehe den Gabelbaum über beide Arme gleichzeitig, gleichmäßig und nicht ruckartig auf den Körper zu. Ziehst du ruckartig, bekommt das Segel erst sehr viel und anschließend gar keinen Druck mehr.

Der Gabelbaum und damit auch der Trapeztampen bewegen sich auf deinen Körper zu.

Baustein-Menü

- Druckpunktorientiertes Windsurfen
- Mastfußorientierung
- Körperspannung

Schmale Grifftechnik direkt an den Trapeztampen bringt die Kraft auf den Punkt, und du spürst sofort, wenn im Segel etwas passiert.

Strecke deine Arme wieder, sobald du den Trapeztampen eingefangen hast.

Gehe leicht in die Knie, lehne dich dem Segel entgegen und ins Trapez. Dein Körpergewicht übernimmt die Arbeit.

3 Einschwingen lassen

Strecke nun deine Beine kurzzeitig und schiebe dein Becken leicht auf den Trapeztampen zu. Sobald dein Trapezhaken über dem Trapeztampen schwebt, gehst du tief in die Knie. Du hast damit den Trapeztampen eingefangen.

Jetzt kannst du deine Arme wieder strecken. Schaue möglichst immer in Fahrtrichtung. Optimal ist es gelaufen, wenn du diesen Vorgang schaffst, ohne dabei ständig auf den Trapeztampen zu gucken.

Baustein-Menü

- Druckpunktorientiertes Windsurfen
- Mastfußorientierung
- Körperspannung

4 Kraft kommt aus dem Trapez

Durch das Strecken der Arme spannt sich der Trapeztampen. Er kann nun die Haltearbeit übernehmen, und du musst dich nur noch um das Feintuning kümmern. Gehe wieder leicht in die Knie und verlagere dein Gewicht nach Luv.

Wenn du den Po wieder ein wenig sacken lässt, dich also ein bisschen »hinsetzt«, kommt dein Körpergewicht anstelle deiner Armkraft zum Einsatz. Du lehnst dich also richtig ins Trapez.

Baustein-Menü

- Druckpunktorientiertes Windsurfen
- Mastfußorientierung
- Körperspannung
- Körperposition in Luv- / Lee-Ebene

ÜBER DIE NASE

Die Wende – der erste gefahrene Seitenwechsel

Hier wird der Bug durch den Wind gefahren. Bei der gefahrenen Wende hältst du als Surfer den Druck und damit auch deine Geschwindigkeit über das Segel so lange wie möglich aufrecht. Nur beim Seitenwechsel gibt es einen kurzen Moment, in dem kein Druck im Segel ist.
Du gewinnst somit erstmals im Manöver Höhe, ohne dabei Zeit zu verlieren.

Baustein-Menü Wende

- Druckpunktorientiertes Windsurfen
- aktive Segelsteuerung
- Bewegung übers Brett
- Kopfsteuerung
- Fußwechsel
- aktive Gewichtsverlagerung
- Körperspannung
- Mastfußorientierung

5 Ausfahrt

Greife mit der Masthand ebenfalls wieder an den Gabelbaum. Gehe tief in die Knie. Lasse das Segel vorn über dem Bug und nimm es dicht. Mit deinem vorderen Bein presst du den Bug durch den Wind. Wenn du das vordere Bein streckst, klappt das sehr effektiv. Bleibe so lange in den Knien, bis dein Board auf den neuen Halbwindkurs abgefallen ist. Abschließend kannst du dein Gewicht wieder auf beide Beine verteilen und klassisch weiterfahren.

Baustein-Menü

- aktive Segelsteuerung
- aktive Gewichtsverlagerung
- Körperspannung
- Mastfußorientierung

4 Segel positionieren

Nimm beide Hände an den Mast. Führe das Segel, indem du es kreisförmig an den Wind anlehnst, in Richtung Bug. Halte die Arme dabei lang, sodass das Gabelbaumende weiter nah am Wasser ist. Warte ab, bis dein Brett komplett durch den Wind auf die neue Seite dreht. Setze deine Füße schulterbreit auf die neue Boardseite. Löse deine neue Segelhand vom Mast. Blicke über deine neue, vordere Schulter nach vorn. Ziehe das Segel aktiv mit der neuen Masthand am Körper vorbei in Richtung Bug. Greife mit der neuen Segelhand weit in die neue Gabelbaumseite, um das Segel anschließend gut dichtnehmen zu können.

Baustein-Menü

- aktive Segelsteuerung
- Fußwechsel
- Kopfsteuerung

Segelhand lässt Mast los.

Blick nach vorn, Segel Richtung Bug und Segelhand auflegen.

1 Anfahrt

Versetze deine Segelhand am Gabelbaum ein Stück weit nach hinten. Hänge dich aus dem Trapez aus. Überprüfe deinen Manöverraum in Luv. Du solltest schulterbreit über dem Brettdruckpunkt stehen. Verlagere dein Gewicht auf das hintere Bein. Dadurch bekommt dein Brett bereits die Tendenz anzuluven, also in die Wende zu fahren.

Baustein-Menü

- Druckpunktorientiertes Windsurfen

2 Zum Mast orientieren

Lehne das Segel nach hinten, das Gabelbaumende in Richtung Wasser. Somit wandert der Segeldruckpunkt nach hinten. Nimm dein Segel mit der Segelhand dicht. Dein Gewicht bleibt auf dem hinteren Fuß. Schaue über die vordere Schulter in Fahrtrichtung. Greife mit der Masthand unterhalb der Gabel an den Mast. Stelle deinen vorderen Fuß vor den Mast und lasse deine Fußspitze um den Mast »herumschauen«. Damit wird deine Hüfte für den Seitenwechsel in die richtige Position gebracht. Das Board luvt immer mehr an, und du bist für den Seitenwechsel bestens vorbereitet.

Baustein-Menü

- Druckpunktorientiertes Windsurfen
- aktive Segelsteuerung
- Bewegung übers Brett
- Kopfsteuerung

3 Step um den Mast

Sobald der Bug in den Wind zeigt, geht es weiter. Bis dahin bleibe einfach in der vorher beschriebenen Körperhaltung. Verlagere lediglich dein Gewicht auf das vordere Bein. Lasse deine Segelhand am Gabelbaum los und greife ebenfalls unterhalb der Gabel an den Mast. Ziehe dein hinteres Bein ebenfalls vor den Mast. Der Mastarm bleibt lang, damit du Platz vor dem Mast hast.

Baustein-Menü

- Druckpunktorientiertes Windsurfen
- Fußwechsel

Der Scheitelpunkt der Wende entscheidet über die Qualität des Manövers – Baustein »aktive Gewichtsverlagerung«

NEUE DIMENSION

Die Halse – eine runde Sache

Das Idealbild – so soll's laufen

Hier haben wir dir die Longboardhalse, die die erste Vorstufe zur legendären Powerhalse ist, zusammengestellt. Bei der Longboardhalse kommt es darauf an, erstmals in deiner jungen Windsurf-Karriere richtig zuzulangen. Das bedeutet: Hier dürfen keine halben Sachen mehr gemacht werden, sondern die einzelnen Bewegungselemente müssen sitzen und zügig mit Köpfchen durchgeführt werden. Wie das geht, zeigen wir dir hier.

Viel Spaß bei deinem Einstieg in die nächste Dimension des Windsurfens!

Baustein-Menü Halse

- Aktive Segelsteuerung
- Fußwechsel
- Körperspannung
- Druckpunktorientiertes Windsurfen
- Fußsteuerung
- Schothorn voraus fahren
- Segel leicht stellen
- Schiften

2 Segel dicht

Die Masthand wird nach vorn und Luv ausgestreckt. Ist dein Brett auf Raumwindkurs abgefallen und der Segeldruck geringer geworden, dann wechsle deinen vorderen Fuß in einem Ausfallschritt nach hinten – für die Balance. Setze diesen Fuß auf der Außenkante des Brettes ab, um anschließend die Luvkante besser belasten zu können. Dadurch nimmt der Segelzug in die gewünschte Fahrtrichtung zu. Das Segel bleibt weiterhin dicht und nach Luv geneigt. Blicke in Fahrtrichtung.

Baustein-Menü

- Aktive Segelsteuerung
- Fußwechsel
- Körperspannung
- Druckpunktorientiertes Windsurfen

Fußposition.

Fußwechsel.

Raum überprüfen 1

Blicke nach Lee in deine Fahrtrichtung und prüfe, ob dein Manöverraum frei ist. Lasse deine Segelhand am Gabelbaum nach hinten rutschen, somit hast du anschließend einen besseren Hebel und mehr Segelkontrolle. Hänge dich aus dem Trapez aus. Verlagere dein Gewicht auf das hintere Bein, um beim anschließenden Abfallen dem Segelzug entgegenwirken zu können. Schiebe das Segel über die Segelebene nach vorn und Luv.

Baustein-Menü

- Aktive Segelsteuerung

Raum frei?

Segelhand zurück.

3 Kante geben

Belaste dein hinteres – das kurvenäußere – Bein, lehne dich dazu dosiert nach hinten. Dadurch steuert das Board aktiv in die Leekurve. Halte das Segel weiter dicht und die Luvkante gedrückt. Neige das Segel noch aktiver nach Luv zur Kurvenaußenseite, damit dein Board auch noch das letzte Stück durch die Kurve geht. Dein Blick bleibt in Fahrtrichtung. Extreme Segelsteuerung.

Baustein-Menü

- Fußsteuerung
- Aktive Segelsteuerung
- Körperspannung
- Druckpunktorientiertes Windsurfen

Extreme Segelsteuerung.

4 Fußsteps

Setze deinen neuen vorderen Fuß in die Boardmitte kurz hinter den Mastfuß. Dein hinterer Fuß rutscht ebenfalls auf die Boardlängsachse. Du stehst so schon richtig für die neue Fahrtrichtung. Bringe dein Körpergewicht auf dein vorderes Bein, du stabilisierst so dein Board.

Halte das Segel noch weiter mit beiden Händen fest. Fahre Schothorn voraus. Das Segel sollte möglichst aufrecht über dem Mastfuß stehen, damit ist das Segel im Gleichgewicht. Rutsche mit deiner Masthand nah an den Mast heran. Somit bist du auf den Griffwechsel vorbereitet.

Baustein-Menü

- Aktive Segelsteuerung
- Körperspannung
- Druckpunktorientiertes Windsurfen
- Schothorn voraus fahren
- Segel leicht stellen

Segel aufrecht, Schothorn voraus und nach oben.

Segel aufrecht, Schothorn voraus und nach oben.

Griff... *...wechsel.*

5 Schiften / Seitenwechsel

Stoße dein Segel aktiv mit der Segelhand weg, dein Segel beginnt zu rotieren. Ziehe die Masthand Richtung Körper, das Segel darf nicht zu weit vom Körper entfernt werden. Greife mit der Segelhand unterhalb der Gabel an den Mast / an die neue Gabelbaumseite (Masttechnik/Boom-to-Boom-Technik); das Segel rotiert. Ziehe das Segel aktiv erst zum Körper und führe es dann nach vorne / Luv an deinem Körper vorbei, damit der Segeldruckpunkt bei der Rotation über den Mastfuß kommt. Löse deine bisherige Masthand und blicke weiter in Fahrtrichtung.

Baustein-Menü

- Druckpunktorientiertes Windsurfen
- Schiften

6 Alles wieder im Griff

Greife mit der freien Masthand weit in die neue Gabelbaumseite. Ehemalige Segelhand wechselt als neue Masthand an den Gabelbaum, was nur bei der Masttechnik notwendig ist. Nimm das Segel wieder dosiert dicht. Gehe hierbei in die Knie, um mit einem tief liegenden Körperschwerpunkt dem Segelzug besser entgegenwirken zu können.

EASY STARTING

Beachstart – erster Start ohne Startschot: das schont die Hände und den Rücken

Wie in Zeitlupe verläuft der Beachstart
Zum ersten Mal darfst du dein Material ohne die Startschot starten, denn beim Beachstart liftet dich mit der Technik hauptsächlich dein Segel auf das Brett.

Neben der aktiven Segelsteuerung, die dafür sorgt, dass das Segel dich auch in die richtige Richtung auf das Brett befördert, ist der Manöverbaustein Körperspannung für den Beachstart das A und O.

1 Ausrichten

Stelle dich in Luv, möglichst in knietiefem Wasser, neben dein Brett. Halte deinen Körper nah am Brett. Dein Segel muss über deinem Kopf leicht stehen, der Druckpunkt des Segels also bis über den Kopf geführt werden. Wenn das Segel immer wieder nach vorn oder hinten kippt, wird der Beachstart sehr anstrengend. In dieser Phase steuerst du das Board durch Verschieben des Segels in der Segelebene nach vorn und nach hinten. Richte das Brett auf leichten Raumwindkurs aus.

Baustein-Menü

- Aktive Segelsteuerung
- Segel leicht stellen

2 Brett fixieren

Stelle den hinteren Fuß möglichst gewichtsneutral und mittig auf das Brett. Steht dein Fuß zu schwer auf dem Brett, beginnst du das Brett wegzudrücken, es luvt an. Das Knie deines hinteren Beines ist stark angewinkelt. Dadurch bleibt dein Körperschwerpunkt nah am Brett. Das Segel sollte weiterhin (gewichts- und vortriebs-)neutral sein.

Baustein-Menü

- Körper Luv- / Lee-Ebene
- Aktive Segelsteuerung

3 Aufzug

Strecke deinen Mastarm. Nimm die Segelhand dicht. Ziehe dein Brett am hinteren Fuß zum und unter deinen Po. Gehe auf deinem vorderen Bein auf die Zehenspitzen. Führe deinen Kopf und deine Brust aktiv auf den Mastfuß zu. Das Segel sollte dabei möglichst aufrecht bleiben. Stütze dich massiv über den Gabelbaum auf den Mastfuß.

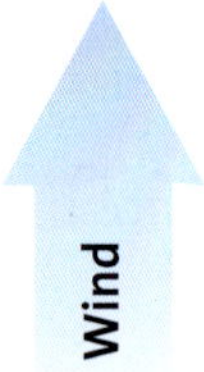

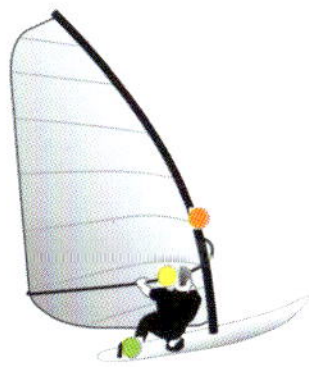

Baustein-Menü

- Körper Luv- / Lee-Ebene
- Aktive Segelsteuerung
- Körperspannung
- Druckpunktorientiertes Windsurfen
- Mastfußorientierung
- Kopfsteuerung

4 Aufstieg

Erst wenn dein gesamtes Körpergewicht über dem Brett ist, darfst du dich über das hintere Bein in die Höhe drücken. Halte das Segel weiter dicht und den Mastarm möglichst gestreckt. Führe Kopf, Brust und Becken weiterhin aktiv auf den Mastfuß zu und bringe somit dein Körpergewicht über die Brettmitte.

Baustein-Menü

- Aktive Segelsteuerung
- Körperspannung
- Druckpunktorientiertes Windsurfen
- Mastfußorientierung
- Kopfsteuerung

Baustein-Menü Beachstart

- Aktive Segelsteuerung
- Segel leicht stellen
- Körperposition Luv- / Lee-Ebene
- Körperspannung
- Druckpunktorientiertes Windsurfen
- Mastfußorientierung
- Kopfsteuerung

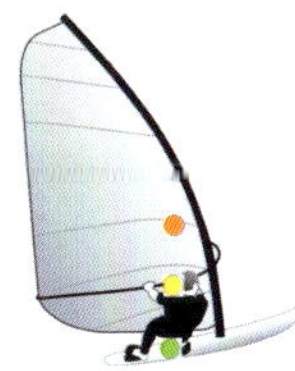

5 Anfahren

Setze den zweiten Fuß zum Mastfuß nach vorn auf die Brettmitte. Verteile dein Gewicht gleichmäßig auf beide Füße. Öffne deine Segelhand dosiert. Sonst kann es passieren, dass du über das Brett gezogen wirst. Nimm erst dann endgültig dicht und nimm deine Fahrposition ein.

Baustein-Menü

- Körperspannung
- Druckpunktorientiertes Windsurfen

Tor zur nächsten Dimension

Wasserstart – Start aus der Tiefe

Wenn du diesen Move geschafft hast, steht dir der Manöverhimmel offen.

Bei allen Manövern, die du bisher trainiert hast, musstest du damit leben, dass du, immer wenn die Übung nicht vollständig erfolgreich war, das Segel wieder mühsam aus dem Wasser ziehen musstest. Dabei ist wertvolle Zeit, Kondition und auch Spaß auf der Strecke geblieben. Die Folge war, dass du nicht gerne ins tiefe Wasser fahren mochtest. Dabei ist der Wasserstart nur der große Bruder des Beachstarts. Fest steht: Wer den Beachstart locker beherrscht, ohne zu mogeln, braucht nur ein bisschen Übung für den Wasserstart.
Los geht's!

Baustein-Menü Wasserstart

- Aktive Segelsteuerung
- Segel leicht stellen
- Druckpunktorientiertes Windsurfen
- Körperposition Luv- / Lee-Ebene
- Mastfußorientierung
- Kopfsteuerung
- Körperspannung

1 Ausrichten

Schwimme auf der Luvseite, nahe an deinem Brett. Deine Körperposition sollte dabei in Höhe der vorderen Schlaufen sein. Halte das Segel am Mast oberhalb des Gabelbaums fest. Schwimme mit den Beinen und einem Arm rückwärts gegen den Wind. Ziehe – sobald kein Wasser mehr im Segel ist – das Segel energisch über deinen Kopf. Dein Segel(druckpunkt) muss bis über deinen Kopf gezogen werden. Um das Segel leicht zu stellen, halte den Mastarm nach oben gestreckt. Die Segelhand greift weit in den Gabelbaum und nimmt dosiert Druck auf. Wenn das Segel nicht (gewichts-)neutral schwebt, wird der Wasserstart sehr anstrengend. In dieser Phase steuerst du das Board durch Verschieben der Segelebene nach vorn und nach hinten.

Baustein-Menü

- Aktive Segelsteuerung
- Segel leicht stellen
- Druckpunktorientiertes Windsurfen

Segelhand greift weit an den Gabelbaum.

Segel energisch über den Kopf ziehen.

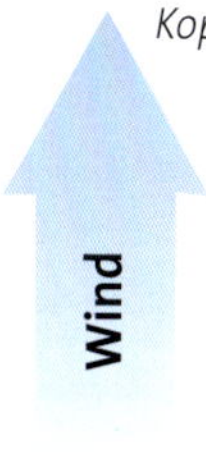

2 Bein auflegen

Prüfe, ob deine Körperposition immer noch in Luv deines Brettes in Höhe der vorderen Fußschlaufe ist. Setze den hinteren Fuß auf das Brett auf. Der Fuß sollte dabei so wenig Druck wie möglich auf das Brett ausüben. Das Knie deines hinteren Beines ist stark angewinkelt. Bringe deinen Körperschwerpunkt nahe ans Brett, indem deine Ferse das Brett zum Gesäß zieht. Mache weiterhin leichte Schwimmbewegungen mit deinem vorderen Bein. Ansonsten versucht dein Brett, sich um dein vorderes Bein zu drehen und luvt an. Lasse das Segel weiterhin leicht schweben. Der Mastarm bleibt nach oben gestreckt. Versuche, dich hier schon auf den Mastfuß zu stützen.

Baustein-Menü

- Aktive Segelsteuerung
- Druckpunktorientiertes Windsurfen
- Körperposition Luv- / Lee-Ebene
- Mastfußorientierung

3 Dichtnehmen

Nimm die Segelhand dicht. Ziehe dein Brett am hinteren Fuß zum und unter deinen Po. Mache mit deinem vorderen Bein eine starke Schwimmbewegung. Dein Oberkörper sollte hierdurch ein wenig aus dem Wasser geliftet werden. Führe deinen Kopf und deine Brust aktiv auf den Mastfuß zu. Belaste über den Gabelbaum den Mastfuß maximal.

Baustein-Menü

- Aktive Segelsteuerung
- Druckpunktorientiertes Windsurfen
- Körperposition Luv-/Lee-Ebene
- Mastfußorientierung
- Kopfsteuerung

Dein Gewicht und der Po sind nahe am Brett.

4 Lift

Erst wenn dein gesamtes Körpergewicht über dem Brett ist, darfst du dich über das hintere Bein in die Höhe drücken. Vergleiche den Aufstieg mit dem Treppensteigen. Erst wenn dein Körper über der Stufe ist, gehst du sie hinauf. Halte das Segel weiter dicht und den Mastarm möglichst gestreckt. Führe Kopf, Brust und Becken weiterhin aktiv auf den Mastfuß zu. Versuche so, deinen Körperschwerpunkt über die Brettmitte zu bekommen. Schaue unter deiner Masthand nach vorn.

Baustein-Menü

- Aktive Segelsteuerung
- Druckpunktorientiertes Windsurfen
- Körperposition Luv- / Lee-Ebene
- Mastfußorientierung
- Kopfsteuerung
- Körperspannung

Bevor du endgültig aufsteigst, schiebe dein Becken bis zur Brettmittellinie über das Brett.

5 Anfahren

Warte, bis die Segelkraft dich – du bist auf dein hinteres Bein und den Mastfuß gestützt – in die Standposition gezogen hat. Setze den vorderen Fuß zum Mastfuß nach vorn. Verteile dein Gewicht gleichmäßig auf beide Füße. Bleibe mit leicht gebeugten Knien stehen. Öffne deine Segelhand dosiert – sonst kann es passieren, dass du über das Brett gezogen wirst. Nimm erst dann endgültig dicht und deine Fahrposition ein. Je geringer der Wind, desto aktiver muss die Bewegungsausführung erfolgen. Bei wenig Wind also aktiver dichtnehmen und stärkere Schwimmbewegungen mit dem vorderen Bein machen.

Baustein-Menü

- Druckpunktorientiertes Windsurfen
- Mastfußorientierung

Step aufs Brett.

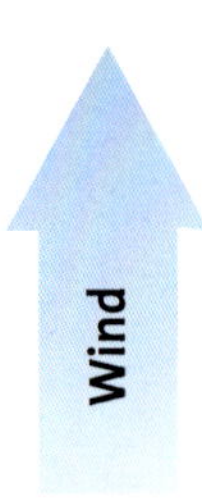

Wasserstart – Board und Segel ausrichten

Je nachdem, an welcher Stelle das Segel im Vergleich zum Board im Wasser liegt, kannst du unterschiedliche Techniken anwenden, um das Segel möglichst schnell und kraftsparend in die optimale Startposition zu bringen.
Orientiere dich dazu immer am Wind, bevor du anfängst zu arbeiten. Schau dir die Situation also genau an und lege dir deinen Schlachtplan zurecht. Dann kann es losgehen.

Die Grundtechnik

Ziel sollte es immer sein, das Volumen im Heck deines Brettes nutzen zu können, um dir beim Freischwimmen des Segels vom Brett helfen zu lassen.

Schwimmübung: *Egal wie das Segel ins Wasser gefallen ist: Schwimme immer mit dem Gabelbaumkopfstück oder Schothorn zum Heck, je nachdem welches Teil dem Heck näher liegt.*

Ausrichten: *Schwimme so lange rückwärts, bis der Wind rechtwinklig auf den Mast bzw. das Brett trifft. Du selbst solltest dich beim Ausrichten immer in Luv vom Heck aufhalten. Ziehe den Gabelbaumkopf auf das Heck und warte, bis der Wind unter das Segel greift und dir damit das Heben des Segels erleichtert.*

Da die modernen Bretter alle sehr kurz geraten sind, kannst du dir mit deinem Arm behelfen, wenn der Gabelbaum mal nicht auf das Heck passen möchte. Wichtig ist hierbei, dass der Wind im 90-Grad-Winkel auf den Mast trifft. Nur so hilft er dir wirklich beim Liften des Segels aus dem Wasser. Erst wenn das Segel / die Gabel frei von Wasser ist, ziehe es über deinen Kopf nach Luv und positioniere es über deinem Kopf, möglichst gewichtsneutral.

GLEITRAUSCH

Angleiten, Gleiten, Schlaufenfahren

Von der Verdrängerfahrt in die freie Gleitfahrt
Wie bei der Erklärung zum Druckpunktorientierten Windsurfen beschrieben, wandert der Druckpunkt des Brettes mit zunehmender Geschwindigkeit nach hinten. Dieses Mal folgen wir diesem Druckpunkt konsequent nach hinten und setzen die Füße der größeren Sicherheit und des Halts wegen in die Schlaufen.

Mit den Füßen in den Schlaufen steht dir dann auch erstmals das Tor für alle Gleitmanöver offen.

Baustein-Menü Angleiten, Gleiten, Schlaufenfahren

- Druckpunktorientiertes Windsurfen
- Körperspannung
- Mastfußorientierung
- Bewegung übers Brett
- Kopfsteuerung
- Körperposition in Luv- / Lee-Ebene

1 Die Grundstellung

Dein vorderer Fuß steht beim Mastfuß. Verlagere dein Gewicht auf den vorderen Fuß. Damit kannst du das hintere Bein frei bewegen und deinen hinteren Fuß zwischen den vorderen und hinteren Fußschlaufen auf der Brettlängsachse absetzen. Verlagere dein Gewicht, sobald der hintere Fuß steht, wieder auf beide Füße. Du solltest mit den Füßen ca. schulterbreit stehen. Je schneller dein Brett fährt, desto mehr Gewicht kannst du auf deinen hinteren Fuß verlagern. Spanne deinen Körper an, strecke den vorderen Arm und nimm das Segel leicht dicht.

Baustein-Menü

- Druckpunktorientiertes Windsurfen
- Körperspannung
- Mastfußorientierung
- Bewegung übers Brett

2 Gas geben

Falle leicht auf Raumschot ab und nimm das Segel richtig dicht. Das Segel beginnt nach vorn zu ziehen und baut Druck auf. Gehe leicht in die Knie. Drücke dein ganzes Gewicht auf den Mastfuß. Sobald dein Brett schnell genug geworden ist, du also hauptsächlich auf dem hinteren Bein stehst, kannst du den vorderen Fuß anheben. Der vordere Fuß ist somit entlastet und kann bei Bedarf bewegt werden. Du solltest sicher auf dem hinteren Bein und dem Mastfuß gestützt stehen. Schaue über deine vordere Schulter in Fahrtrichtung.

Baustein-Menü

- Druckpunktorientiertes Windsurfen
- Körperspannung
- Mastfußorientierung
- Kopfsteuerung

Tipp

Montiere deine Schlaufen zu Beginn mittig, also auf der Brettlängsachse und so weit wie möglich vorn. Stelle die Schlaufen zu Beginn recht groß ein, um den »Eingang« besser zu finden.

Versuche die Füße immer »blind« in die Schlaufen zu bringen. Hinschauen bedeutet stehen bleiben und Kontrolle verlieren.

Gas geben. ▸

3 Beschleunigung

Behalte deine Körperhaltung bei (vorderer Arm gestreckt, Segel dicht, Körpergewicht auf den Gabelbaum gestützt, Blick nach vorn). Bleibe leicht in den Knien stehen. Rutsche mit dem vorderen Fuß in die vordere Schlaufe. Sobald dein vorderer Fuß fest in der Schlaufe steht, kannst du das Gewicht auf das vordere Bein verlagern. Dein hinteres Bein ist somit entlastet und kann nun seinerseits bei Bedarf bewegt werden.

Baustein-Menü

- Druckpunktorientiertes Windsurfen
- Körperspannung
- Mastfußorientierung
- Kopfsteuerung
- Körperposition in Luv- / Lee-Ebene

4 Fest im Sattel

Jetzt hebe dein hinteres Bein und rutsch in die hintere Schlaufe. Sobald deine Füße fest in den Schlaufen stehen, strecke deine Beine leicht. Drehe dein Becken leicht in Fahrtrichtung. Lehne deine Schultern zunehmend nach Luv, gegen den Druck des Segels. Der Rest deiner Körperhaltung bleibt wie gehabt. Viel Spaß in den Schlaufen!

Baustein-Menü

- Druckpunktorientiertes Windsurfen
- Körperspannung
- Mastfußorientierung
- Kopfsteuerung

◂ *Das Becken wird bei zunehmender Geschwindigkeit nach vorn in Richtung Bug gedreht.*

Fußarbeit.

GLEITWENDE

Schnelle Wende – mit Speed durch den Wind

Das Idealbild – so bringst du den Bug schnell durch den Wind

Die schnelle Wende, häufig auch »durchgeglittene Wende« genannt, basiert im Wesentlichen auf der herkömmlichen Wende, die man als Windsurfer bereits im Aufsteigerkurs gelernt hat. Die Bewegungsabfolge ist identisch, nur eben ein bisschen intensiver und vor allen Dingen schneller.

Der wohl wichtigste Baustein der schnellen Wende ist die aktive Gewichtsverlagerung, die bei diesem Manöver ganz groß geschrieben wird.

Baustein-Menü Schnelle Wende

- Druckpunktorientiertes Windsurfen
- Körperposition in Luv- / Lee-Ebene
- Aktive Segelsteuerung
- Fußsteuerung
- Körperspannung
- Bewegung übers Brett
- Fußwechsel
- Aktive Gewichtsverlagerung
- Kopfsteuerung
- Mastfußorientierung

5 Ausfahrt

Die Knie bleiben so lange gebeugt, bis dein Board auf den neuen Halbwindkurs abgefallen ist. Nun kannst du dein Gewicht wieder auf beide Beine verteilen und weiterfahren.

Baustein-Menü

- Mastfußorientierung

4 Wiegeschritt und Beinpresse

Blicke über deine neue vordere Schulter nach vorn. Ziehe das Segel aktiv mit der neuen Masthand am Körper vorbei in Richtung Luv zum Bug. Das Segel ist hierbei leicht gestellt. Greife mit der neuen Segelhand weit nach hinten in die neue Gabelbaumseite, um das Segel anschließend gut dichtnehmen zu können. Mache gleichzeitig einen großen Ausfallschritt mit dem neuen hinteren Fuß zwischen die Fußschlaufen. Bringe dein Gewicht auf das hintere Bein, das vordere Bein ist gestreckt, das hintere angewinkelt. Die extreme Gewichtsverlagerung ist wichtig, damit du beim folgenden Dichtnehmen des Segels dem Segelzug entgegenwirken kannst. Dein vorderer Arm ist gestreckt, dein Segel ist vorne über dem Bug, jetzt nimm das Segel aktiv dicht! So gibst du per Segelimpuls den Befehl zum Abfallen. Mit deinem vorderen Bein presst du den Bug förmlich durch den Wind.

Eine beherzte Gewichtsverlagerung bringt dich flott und kontrolliert durch den Wind.

Baustein-Menü

- Bewegung übers Brett
- Aktive Gewichtsverlagerung
- Kopfsteuerung
- Druckpunktorientiertes Windsurfen
- aktive Segelsteuerung
- Körperspannung
- Mastfußorientierung

Greife weit auf die neue Gabelbaumseite.

In Gleitfahrt aushängen.

1 Anfahrt

Greife mit der Segelhand nach hinten, damit hältst du das Segel automatisch dicht. Hänge dich in der Speedfahrt aus dem Trapez aus, damit sich dein Körper unabhängig vom Segel bewegen kann. Bleibe mit den Füßen in den Schlaufen.

2 Einkehrschwung

Ziehe den hinteren Fuß aus der Schlaufe und positioniere ihn unmittelbar hinter den vorderen Schlaufen auf der Brettlängsachse. Lehne das Segel nach hinten, ohne es übermäßig dichtzunehmen. Das ist hier anders als bei der langsamen Wende, da das Brett in Gleitfahrt nach Luv besser über die Kante als über Segelsteuerung reagiert. Dein Gewicht ruht auf dem hinteren Fuß. Schaue über die vordere Schulter in Fahrtrichtung.

Baustein-Menü

- Druckpunktorientiertes Windsurfen
- Körperposition in Luv- / Lee-Ebene
- aktive Segelsteuerung
- Fußsteuerung
- Körperspannung

3 Step um den Mast

Setze den vorderen Fuß vor den Mast. Sobald der Fuß steht, verlagere dein Gewicht auf das vordere Bein. Greife mit der Masthand an den Mast, unbedingt unterhalb der Gabel. Lasse deine Segelhand am Gabelbaum nach vorn rutschen, ohne die Gabel loszulassen. Ziehe dein hinteres Bein ebenfalls vor den Mast. Greife nun mit der bisherigen Segelhand direkt auf die neue Gabelbaumseite. Halte den Mastarm gestreckt, damit du Platz vor dem Mast hast.

Baustein-Menü

- Druckpunktorientiertes Windsurfen
- aktive Segelsteuerung
- Körperspannung
- Bewegung übers Brett
- Fußwechsel

SURFEN AUF DER ÜBERHOLSPUR

Speedfahren – Rausch der Geschwindigkeit

Nicht nur für Wettkampffahrer ein MUSS

Irgendwie speeded jeder gerne. Der eine ein wenig vorsichtiger, der andere sehr draufgängerisch. Natürlich gilt auch hier, dass die Kontrolle maximal und der Kraftaufwand minimal sein sollte. Doch auf die Technik kommen wir gleich noch zu sprechen. Eines muss jedoch klar sein: »Ohne Speed keine Powerhalse oder andere durchgeglittene Manöver«. Aus diesem Grund solltest du das Speedfahren beherrschen, auch wenn du nicht der Wettkampftyp bist.

Baustein-Menü Speedfahren

- Druckpunktorientiertes Windsurfen
- Mastfußorientierung
- Kopfsteuerung
- Körperspannung

1 Vorbereitung abgeschlossen

Deine Füße sollten möglichst in beiden Schlaufen stehen. Verlagere dein Gewicht gleichmäßig auf beide Beine. Fahre am besten auf Halbwindkurs. Dieser Kurs ist ordentlich flott und du verlierst keine Höhe. Dein Mastarm ist gestreckt, dein Segelarm dosiert den Druck im Segel.

Baustein-Menü

- Mastfußorientierung
- Druckpunktorientiertes Windsurfen

Wenn der Mastarm nicht gestreckt ist, bleibt der Körper zu dicht am Segel, das Segel kann nicht aufrecht stehen bleiben, und der Mastfuß kann nicht optimal belastet werden. Die Folge ist ein anstrengenderes und unkontrollierteres Windsurfen. Übrigens wird man auch bei weitem nicht so schnell wie mit gestreckter Masthand.

2 Spannungsgeladen

Überstrecke deinen Mastarm aktiv. Strecke deine vordere Schulter auf das Segel zu: Du rollst förmlich deine Schulter ein. Das Segel kann so an seiner Anströmkante / Mast sehr aufrecht stehen und ist effektiver. Schaue über die vordere Schulter. Drehe deinen ganzen Körper (Kopf, Schulter, Becken) dosiert in Fahrtrichtung. Verlagere dein Gewicht mit zunehmender Geschwindigkeit auf dein hinteres Standbein. Dein gesamter Körper sollte wie ein Bogen gespannt sein.

Baustein-Menü

- Mastfußorientierung
- Druckpunktorientiertes Windsurfen
- Kopfsteuerung
- Körperspannung

Wenn du nicht nach vorne über deine vordere Schulter schaust, wirst du in der Beckenregion steif bleiben. Damit ist es nicht möglich, die Hüfte in Fahrtrichtung zu drehen und somit dein Körpergewicht und deine Kraftrichtung nach vorn zu orientieren. Darum drehe deinen Körper aktiv in die Fahrtrichtung.

3 Auf Halbwind laufen lassen

Je schneller du wirst, desto mehr wandert dein Gewicht auf das hintere Bein. Halte die Körperspannung während der gesamten Speedfahrt. Sobald du locker lässt, verlierst du schnell die Kontrolle über dein Brett. Der Kopf bleibt über der vorderen Schulter und du schaust weiter in Fahrtrichtung.

Baustein-Menü
- Mastfußorientierung
- Druckpunktorientiertes Windsurfen
- Kopfsteuerung
- Körperspannung

Auf Halbwindkurs bleibt das Gewicht meist ausgewogen auf beiden Füßen.

Auf Raumschotkurs stehst du betont auf deinem hinteren Bein.

Auf Amwindkurs ist das Gewicht hauptsächlich auf dem vorderen Bein, was durch die Körpervorlage unterstützt wird.

5 Raumwindkurs

Falle mit dem Brett in voller Fahrt ein Stück auf raumen Kurs ab. Das Brett will noch mehr beschleunigen. Dein Gewicht verlagert sich immer weiter über das hintere Bein. Selbst dein Oberkörper bewegt sich nach hinten. Führe das Segel mit nach hinten. Halte die Körperspannung. Der Blick bleibt auch hier in Fahrtrichtung gerichtet.

Baustein-Menü
- Mastfußorientierung
- Druckpunktorientiertes Windsurfen
- Kopfsteuerung
- Körperspannung

4 Amwindkurs

Lehne dein Körpergewicht stark auf den Gabelbaum und Mastfuß. Die Druckverteilung auf dem Brett sollte eindeutig nach vorn orientiert sein. Versuche »um den Mast herum auf die Leeseite zu schauen«. Du schaust weiter in Fahrtrichtung. Versuche das Maximum an Körperspannung aufzubauen.

Baustein-Menü
- Mastfußorientierung
- Druckpunktorientiertes Windsurfen
- Kopfsteuerung
- Körperspannung

Wind

Carven – Grundvoraussetzung für die Halse

Wer in die (Power-)Halse möchte, kommt nicht um das Carven herum.

Die Halse kontrollieren, so lange wie möglich im Gleiten bleiben, sie vielleicht sogar durchgleiten, das ist wohl der Traum jedes Surfers. Ohne das Carven, das kontrollierte Slalomfahren, ohne dabei aus der Gleitfahrt zu geraten, geht es nicht. Das Carven ist ein komplexer Baustein und kein eigenständiges Manöver im eigentlichen Sinne. Allerdings stellt das Carven einen optisch sehr ansprechenden Baustein dar, da du hier, ähnlich wie Skifahrer oder Snowboarder, schöne »Steilwandkurven« zirkeln kannst.

Wir präsentieren dir hier das Carven als Manöver, da bei fast allen in Richtung Lee gefahrenen Manövern das Carven ein elementarer Bestandteil ist.

Orientiere deinen gesamten Körper konsequent nach vorn auf den Mastfuß zu.

5 Auf und rauf

Strecke den Segelarm. Wenn du deinen Mastarm leicht anwinkelst, öffnet das Segel noch mehr. Blicke intensiv über deine vordere Schulter. Lehne deinen Oberkörper stark nach vorn und nach Luv. Belaste deine Fersen, sodass die Luvkante stärker belastet und das Anluven unterstützt wird.

Baustein-Menü

- Druckpunktorientiertes Windsurfen
- Körperspannung
- Fußsteuerung
- Körperposition in Luv- / Lee-Ebene
- Kopfsteuerung
- Mastfußorientierung

4 Körperspannung

Halte deinen Körper in dieser Position stark angespannt, damit das Segel dich nicht nach vorn / Lee ins Wasser ziehen kann. Sobald der Segelzug nachzulassen scheint, ist das Abfallen beendet. Richte das Segel leicht auf. Lasse deine Segelhand am Gabelbaum wieder nach vorn rutschen. Damit beginnst du das Segel zu öffnen.

Baustein-Menü

- Druckpunktorientiertes Windsurfen
- Aktive Segelsteuerung
- Körperspannung
- Fußsteuerung

3 Bogen nach Lee

Nimm das Segel aktiv dicht. Belaste deine Fußballen und somit die Leekante konsequent. Folge dem Zug des Segels, das dich nach vorn / Lee zieht. Gehe dazu tief in die Knie. Halte den Mastarm gestreckt. Lehne deinen Körper nach vorne und stütze dich über die Gabel auf dem Mastfuß ab. Kleiner Tipp: Wenn du unter der Gabel hindurchsiehst, kommst du automatisch in die Körpervorlage.

Baustein-Menü Carven

- Körperposition in Luv- / Lee-Ebene
- Druckpunktorientiertes Windsurfen
- Aktive Segelsteuerung
- Körperspannung
- Kopfsteuerung
- Mastfußorientierung
- Fußsteuerung

Kopf runter und Rücken rund machen.

Baustein-Menü

- Druckpunktorientiertes Windsurfen
- Aktive Segelsteuerung
- Körperspannung
- Kopfsteuerung
- Mastfußorientierung
- Fußsteuerung

2 Checkliste

Lasse die Füße in den Schlaufen. Du kannst speziell den hinteren Fuß aber auch gerne aus den Schlaufen nehmen, um dem Bewegungsbild der Halse näher zu kommen. Greife mit der Segelhand am Gabelbaum nach hinten. Halte den Mastarm gestreckt. Gehe leicht in die Knie und bringe damit deinen Körperschwerpunkt über das Brett. Damit ist deine anschließende Körpervorlage gut vorbereitet.

Baustein-Menü

- Körperposition in Luv- / Lee-Ebene
- Druckpunktorientiertes Windsurfen

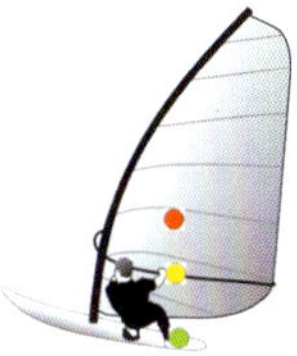

1 Grundposition

Du bist in Speedposition. Dein Oberkörper ist weit nach Luv geneigt, und der Körperschwerpunkt liegt in Luv über dem Wasser.

ENDLICH IST ES SO WEIT

Die Powerhalse – Königin aller Moves

Das Idealbild – so soll's laufen

In der folgenden Bildserie haben wir dir die Powerhalse in Reinkultur und die optimale Verteilung der drei Druckpunkte – Board-, Körper- und Segeldruckpunkt – zusammengestellt.

Bitte beachte immer, dass fortgeschrittenes Windsurfen auch gleichzeitig Druckpunktorientiertes Windsurfen bedeutet und dir sämtliche Manöver nur gelingen können, wenn du die drei Druckpunkte über den größten Teil des Manövers im Lot behältst. Nur in den Momenten, wo im Manöver Impulse gesetzt werden müssen – so z. B. beim Einleiten der eigentlichen Halse –, kommt die Power aus dem kurzzeitigen Verschieben der Druckpunkte. Anschließend werden die Druckpunkte schnell wieder übereinander gebracht, sodass kein unnötiger und kraftraubender Körpereinsatz notwendig wird.

Baustein-Menü Powerhalse

- Fußsteuerung
- Körperposition in Luv- / Lee-Ebene
- Körperspannung
- Aktive Segelsteuerung
- Segelkraft folgen
- Druckpunktorientiertes Windsurfen
- Kopfsteuerung
- Mastfußorientierung
- Segel leicht stellen
- Schothorn voraus fahren
- Fußwechsel
- Schiften

Speed.

Segelhand nach hinten.

Hinterer Fuß aus der Schlaufe und mittig abstellen.

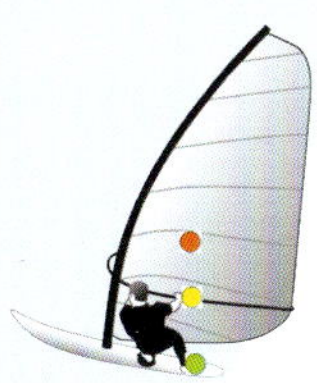

Tief in die Knie.

Konsequent dichtnehmen.

1 Bereite dich vor

Fahre Raumschot. Dadurch nimmst du noch ein wenig mehr Geschwindigkeit auf und fährst schon ein Stück weit in den Bogen hinein, der anschließend zur Halse wird. Lasse die Segelhand am Gabelbaum zurückrutschen, um mehr Kraft und Kontrolle über das Rigg zu haben. Hänge dich aus dem Trapez aus. Ziehe den hinteren Fuß aus der Schlaufe. Platziere den hinteren Fuß mittig zwischen den Schlaufen.

Baustein-Menü

- Fußsteuerung
- Körperposition in Luv- / Lee-Ebene

2 Leite ein

Nimm das Segel dicht, das Segel zieht nach vorn / Lee. Strecke den Mastarm, damit sich das Segel leicht nach vorn und innen neigt. Gehe tief in die Hocke und drücke die Knie dosiert nach vorn und nach Lee – für Balance und Kantendruck. Lasse dich vom Segel in die Kurve ziehen. Halte Körperspannung, blicke unter der Gabel entlang nach vorn, sodass du vollständig in die leewärtige Fahrtrichtung ausgerichtet bist.

Baustein-Menü

- Fußsteuerung
- Körperspannung
- Aktive Segelsteuerung
- Segelkraft folgen
- Druckpunktorientiertes Windsurfen
- Kopfsteuerung

So liegt das Segel bei der Einleitung in der Kurve ...

... und so wird es über dem Mastfuß leicht gestellt (Schothorn hochnehmen).

3 Richte das Segel auf

Sobald du zu spüren beginnst, dass der Segeldruck nachlässt (Vorwindkurs), beginne das Segel mit der Segelhand zu öffnen. Stelle das Segel aktiv leicht (Segeldruckpunkt über Mastfuß), indem du den Mast zur Kurvenaußenseite schiebst. Bleibe tief in der Hocke. Behalte die Körperspannung bei und steuere weiter in die neue Fahrtrichtung. Blicke weiter unter der Gabel nach vorn. Das Schiften ist somit perfekt vorbereitet.

Baustein-Menü

- Körperspannung
- Aktive Segelsteuerung
- Druckpunktorientiertes Windsurfen
- Kopfsteuerung
- Mastfußorientierung
- Segel leicht stellen

Vorderen Fuß ausdrehen (Charley Chaplin).

Hinteren Fuß mit großem Schritt ...

... nach vorn setzen.

4 Fußwechsel

Auf dem neuen Raumschotkurs sollte das Segel »leicht stehen« – aufgerichtet sein. Drehe den vorderen Fuß aus der Schlaufe, die Füße müssen frei beweglich sein. Die Ferse sollte auf der Brettmitte stehen, im sicheren Zentrum des Brettes. Setze den hinteren Fuß in einem großen Schritt brettmittig bis zum Mastfuß nach vorn. Durch den Ausfallschritt hast du den Druckpunkt des Brettes im Griff. Die Segelhand hält das Segel immer noch fest, und du bist in Schothorn-voraus-Fahrt. Bleibe immer noch in den Knien. Rutsche mit deiner Masthand nah an den Mast heran. Vorbereitung auf Griffwechsel.

Baustein-Menü

- Druckpunktorientiertes Windsurfen
- Mastfußorientierung
- Segel leicht stellen
- Schothorn voraus fahren
- Fußwechsel

Impuls vor den Körper …

… nach Luv.

Tipp

Je stärker der Wind ist, desto früher kannst du schiften.
Bei wenig Wind solltest du den Schiftzeitpunkt so weit wie möglich verzögern und deutlich länger Schothorn voraus fahren.
Zum Üben der Halse verwende lieber mehr Boardvolumen als du normalerweise fährst.
Sollte deine Gleitfahrt zu früh zu Ende sein, schalte um auf die Verdrängerhalse, also Luvkanten- und intensive Segelsteuerung über die Kurvenaußenseite.

5 Schiften

Stoße das Segel mit der Segelhand aktiv weg. Dein Segel beginnt zu rotieren. Ziehe die Masthand in einer kreisförmigen »Rührbewegung« Richtung Körper. Das Segel darf nicht zu weit vom Körper entfernt werden. Greife mit der Segelhand unterhalb der Gabel an den Mast. Ziehe das Segel impulsiv vor den Körper in Richtung Luv, damit der Segeldruckpunkt über den Mastfuß kommt. Drehe dein Becken in Richtung Bug. Greife mit der Masthand die neue Gabelbaumseite. Der Blick bleibt in Fahrtrichtung.

Baustein-Menü

- Druckpunktorientiertes Windsurfen
- Segel leicht stellen
- Schiften
- Kopfsteuerung

6 Auf dem Gas bleiben

Ehemalige Segelhand wechselt als neue Masthand an den Gabelbaum. Segel dichtnehmen. Richte dich dosiert wieder auf. Gehe auf dem neuen Raumwindkurs in die Schlaufen. Luv erst danach wieder an.

BIST DU STARTKLAR?

Chop Hop – ab in die Luft

Das Idealbild – so soll's laufen
In der folgenden Bildserie haben wir dir den Chop Hop in seiner Grundform zusammengestellt. Du findest hier die einzelnen Bewegungselemente, die zur erfolgreichen Durchführung deiner ersten Sprünge notwendig sind. Auf geht's!

Tipp

Bei deinen ersten Versuchen solltest du Chops (kleine Wellen und Windwellen) zum Absprung zur Hilfe nehmen. Hast du die Bewegung automatisiert, geht das Springen auch auf dem Flachwasser. Du solltest dich bei den ersten Versuchen aushängen, um das Verletzungsrisiko zu minimieren. Hast du erst mal ein Gefühl für das kontrollierte Schweben in der Luft entwickelt, kannst du ebenso gut eingehängt oder sogar einhändig springen.

5 Landung

Federe die Landung weich mit den Beinen ab, damit entlastest du die Finne, dein Brett und deine Gelenke, sonst gibt es den allseits bekannten Spin Out. Belaste bei der Landung den Mastfuß möglichst stark, das Heck taucht nicht tief ab und es geht gleich weiter. Nimm das Segel wieder dosiert dicht. Nimm wieder die Speedhaltung ein.

Baustein-Menü

- Körperspannung
- Druckpunktorientiertes Windsurfen
- Mastfußorientierung
- Aktive Landung

Weich landen.

4 Landung vorbereiten

Öffne zur Landung das Segel leicht, Arme leicht strecken. Du kommst wieder in die Fahrhaltung zurück. Lasse die Beine sacken, ohne sie zu strecken, damit machst du dein Fahrwerk landebereit. Behalte die Spannung in den Beinen bei und lasse sie nicht einfach hängen, sonst sackst du bei der Landung durch.

Baustein-Menü

- Klimmzug
- Körperspannung
- Druckpunktorientiertes Windsurfen
- Mastfußorientierung

Fahrwerk ausfahren.

3 Schweben

Mache dich in der Luft ganz klein, kompakte Haltung verschafft Kontrolle und Flugzeit. Arme und Beine bleiben stark angewinkelt.

Baustein-Menü Chop Hop

- Körperposition in Luv- / Lee-Ebene
- Aktiver Absprung
- Klimmzug
- Körperspannung
- Druckpunktorientiertes Windsurfen
- Mastfußorientierung
- Aktive Landung

1 Anfahren

Suche dir eine kleine Wellenrampe (Chop) zum Absprung. Greife mit der Segelhand weiter nach hinten, damit hast du mehr Kontrolle über das Segel. Hänge dich aus dem Trapez aus, sonst wirst du bei den ersten Versuchen schnell wegkatapultiert. Bringe deinen Körperdruckpunkt über das Brett, du belastest das Brett beim Absprung von oben und nicht von der Seite. Gehe leicht in die Knie, um Schwung für den Absprung zu holen (Tiefbelastung). Luve das Brett kurz an, damit das Brett die Absprungwelle möglichst frontal trifft.

Baustein-Menü

- Körperposition in Luv- / Lee-Ebene

2 Abheben

Springe aktiv aus den Beinen ab (Hochentlastung), sobald dein Brett die Welle hochfährt. Dabei findet der Absprung hauptsächlich über das hintere Bein statt, während das vordere Bein hochgezogen wird. Sprungkraft sorgt für Höhe. Ziehe dich mit beiden Armen aktiv an das Segel heran. Der Klimmzug hält dich in der Luft, er verschafft dir einen extra Lift. Ziehe dein hinteres Beine nach dem Absprung zum Po, hiermit entlastest du die Luvkante und der Wind kann unter das Brett greifen, die Finne wird frei.

Baustein-Menü

- Aktiver Absprung

Klimmzug.

Knie ran.

Kompakt.

Baustein-Menü

- Klimmzug
- Körperspannung
- Druckpunktorientiertes Windsurfen

CLASSIC MOVE

Duck Jibe – edel abtauchen

Das Idealbild – so geht es in die geduckte Halse
Die Duck Jibe, die wir dir hier in ihrer Grundform zusammengetragen haben, ist der klassischste aller »coolen Moves«. Lange dabei und immer noch jung, denn auch heute noch sieht es einfach schön aus, wenn in Strandnähe eine Duck Jibe gefahren wird.

Bei zahlreichen neuen Freestyle-Manövern tauchen immer wieder Elemente der Segeltechnik der Duck Jibe auf.
Ein positiver Nebeneffekt der Duck Jibe ist, dass sie, wenn man sie beherrscht, leichter durchzugleiten ist als die Powerhalse.

1 Anfahrt

Falle auf Raumschotkurs ab. Speed hilft beim Durchgleiten. Außerdem fährst du dem Manöver schon entgegen und verkürzt damit den Weg, den du zurückzulegen hast. Nimm den hinteren Fuß aus der Schlaufe, platziere ihn zwischen den vorderen und hinteren Fußschlaufen.

2 Segel dicht

Greife mit der hinteren Hand extrem weit nach hinten. Je näher du mit deiner hinteren Hand dem Schothorn kommst, desto einfacher hast du es nachher. Hänge dich aus dem Trapez aus. Gehe tief in die Knie; deine Standsicherheit nimmt deutlich zu. Blicke in Fahrtrichtung.

Baustein-Menü

- Fußsteuerung
- Körperposition in Luv- / Lee-Ebene
- Körperspannung

Baustein-Menü Duck Jibe

- Fußsteuerung
- Körperposition in Luv- / Lee-Ebene
- Körperspannung
- Aktive Segelsteuerung
- Druckpunktorientiertes Windsurfen
- Duck schiften
- Mastfußorientierung
- Kopfsteuerung
- Switch fahren
- Fußwechsel

3 Handarbeit

Baue eine maximale Körperspannung auf, sonst wirst du vom Segel leicht nach vorn / Lee gezogen. Sobald der Segelzug nachlässt, was er auf tiefem Raumwindkurs tut, ziehe das Segel dicht. Strecke die Masthand, der Mast geht zur Kurveninnenseite, und lasse die Masthand los. Bleibe möglichst tief in den Knien. Greife mit deiner Masthand über Kreuz das Gabelbaumende.

Baustein-Menü

- Fußsteuerung
- Körperspannung
- Aktive Segelsteuerung
- Druckpunktorientiertes Windsurfen

Je tiefer in die Knie, desto besser.

Je weiter die alte Masthand nach hinten greift, desto besser.

4 Abtauchen

Löse die alte Segelhand und führe das Schothorn mit der alten Masthand an deinem Kopf vorbei. Gib anschließend einen kräftigen Impuls mit dieser Hand, indem du das Schothorn genau in den Wind nach Luv an deinem Kopf vorbei ziehst. Dein Segel entwickelt keinerlei Zug. Deine Körperspannung sollte in dem Moment maximal sein, der Oberkörper muss in Vorlage bleiben. Bleibe flexibel in den Knien, sonst holst du den Schwung für die Segelführung und den Impuls aus dem Rücken und kommst in Rücklage. Der Blick geht weiter nach vorne.

Baustein-Menü

- Aktive Segelsteuerung
- Druckpunktorientiertes Windsurfen
- Körperspannung
- Duck schiften

Impulsiver Zug nach Luv.

Alte Segelhand greift auf der neuen Seite den Gabelbaum möglichst nah am Mast.

Beide Hände an die Gabel.

5 Neue Gabelbaumseite – alte Standposition

Warte bis das Segel sich aufrichtet, der Mast also wieder in die Vertikale kommt. Alte Segelhand greift auf der neuen Seite den Gabelbaum möglichst nah am Mast. Greifst du am Holm früher zu, und bleibst mit der Hand hinter dem Druckpunkt des Segels, klappt dein Mast nach Lee weg und du bekommst das Segel nicht zu fassen, oder du musst dich sehr unelegant Stück für Stück zum Mast vorarbeiten. Auch in dieser Phase solltest du flexibel in den Knien bleiben. Lege dein Körpergewicht weit nach vorn und nach innen. Blicke über deine vordere Schulter in Fahrtrichtung. Deine Füße bleiben vorerst noch in ihrer Ausgangsposition stehen (Switchstance). Greife mit deiner zweiten Hand, der neuen Segelhand, den Gabelbaum auf der neuen Seite.

Baustein-Menü

- Körperspannung
- Druckpunktorientiertes Windsurfen
- Mastfußorientierung
- Kopfsteuerung
- Switch fahren

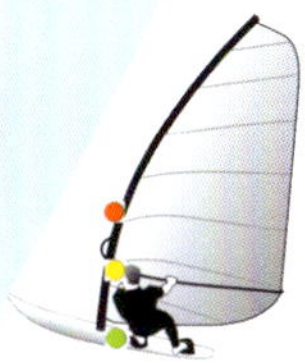

Switchstance.

Körpervor- und Innenlage.

6 Fußwechsel

Erst wenn du wieder einen gleichmäßigen und zuverlässigen Druck im Segel hast, wechsle deine Fußposition aus der Switch in Normalposition. Der Fußwechsel passiert wie bei der Powerhalse, also zuerst den vorderen Fuß aus der Schlaufe auf die Boardmitte drehen und dann einen Ausfallschritt nach vorn.

Baustein-Menü

- Körperspannung
- Druckpunktorientiertes Windsurfen
- Mastfußorientierung
- Fußwechsel

Fußwechsel auf neuem Kurs.

SAIL 360 – BOARD 180

Helikopter-Wende – mit Stil durch den Wind

Das Idealbild – das Segel erledigt den Großteil der Arbeit

Als die Windsurfbretter Mitte bis Ende der 1980er-Jahre immer kürzer wurden und immer weniger Volumen hatten, wurde die klassische Wende mehr und mehr zum Drahtseilakt. Um nach wie vor ohne den Verlust von Höhe manövrieren zu können, was bis dato der Wende vorbehalten war, wurde eine Wende entwickelt, bei der der Windsurfer nicht mehr vorne um den Mast herumlaufen musste. Wir zeigen dir hier auf, was du bedenken musst, um die Heli-Wende erfolgreich zu gestalten.

Einige der Bausteine, die für die Helikopter-Wende notwendig sind, kennen wir schon von der guten alten Powerhalse. Natürlich warten auch ein paar neue Aspekte auf dich.

Baustein-Menü Helikopter-Wende

- Fußsteuerung
- Aktive Segelsteuerung
- Druckpunktorientiertes Windsurfen
- Bewegung übers Brett
- Körperspannung
- Kopfsteuerung
- Fahren in Lee
- Steuern in Lee
- Aktive Gewichtsverlagerung
- Fußwechsel
- Schothorn durch den Wind drücken
- Schothorn voraus fahren
- Schiften

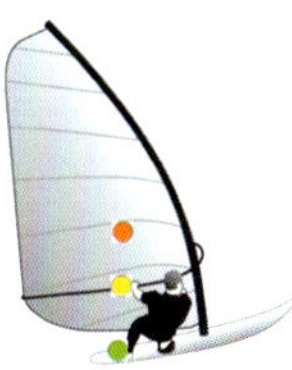

Hinteren Fuß aus der Schlaufe und aktiv anluven.

1 Anfahrt

Beginne mit dem Anluven noch während deine Füße in den Schlaufen stehen. Verwende dazu die Fuß- und die aktive Segelsteuerung, indem du die Fersen belastest und das Segel nach hinten lehnst. Greife mit der Segelhand am Gabelbaum weit nach hinten, damit erreichst du für die bevorstehende Segelrotation einen großen Krafthebel. Hänge dich aus dem Trapez aus.

Nimm den hinteren Fuß aus der Schlaufe und platziere ihn zwischen den Schlaufen auf der Boardlängsachse, damit steht der hintere Fuß für das folgende Manöver in Ausgangsposition.

Baustein-Menü

- Fußsteuerung
- Aktive Segelsteuerung
- Druckpunktorientiertes Windsurfen
- Körperspannung

Beherztes Schiften.

6 Schiften und Weiterfahren

Schifte das Segel aus der Schothorn-voraus-Fahrt. Sollte der Wind sehr stark sein, lasse das Segel ohne die Schothorn-voraus-Fahrt durchrotieren. Schifte beherzt, wie bei der Powerhalse und versuche, das Segel durch ein impulsives Heranziehen schnell wieder leicht zu stellen. Greife an der neuen Gabelbaumseite beherzt zu und weiter geht die Fahrt.

Baustein-Menü
- Schiften

Souverän weiterfahren.

5 Schothorn voraus

Fahre Schothorn voraus, was bei wenig Wind sehr gut funktioniert. Die Masthand ist weiter angewinkelt, die Segelhand gestreckt. Bleibe der Standsicherheit wegen in den Knien. Gewicht gleichmäßig auf beiden Füßen verteilen. Versuche dich in dieser Phase erst einmal zu stabilisieren, bevor es weitergeht.

Baustein-Menü
- Schothorn voraus fahren
- Druckpunktorientiertes Windsurfen
- Körperspannung

2 Luvbogen

Setze den vorderen Fuß in einem Schritt vor den Mast. Bleibe mit deinem Körperschwerpunkt über dem hinteren Bein. Gehe mit dem hinteren Bein in die Knie. Lasse das Segel möglichst weit hinten stehen, damit bringst du das Brett dazu weiter anzuluven und in den Wind zu fahren. Schaue über die vordere Schulter in Fahrtrichtung. Sobald der Bug im Wind steht, überziehe das Segel noch einmal bewusst über das Heck, so machst du schon ein Stück des Weges in die neue Fahrtrichtung gut. Du belastest noch dein hinteres Bein, dein Körpergewicht verlagert sich jedoch bereits nach vorne.

Baustein-Menü
- Aktive Segelsteuerung
- Druckpunktorientiertes Windsurfen
- Bewegung übers Brett
- Körperspannung
- Kopfsteuerung

Viel Druck auf dem hinteren Bein.

Segel zum Abschluss stark überziehen.

Fußposition 1.

Charlie Chaplin.

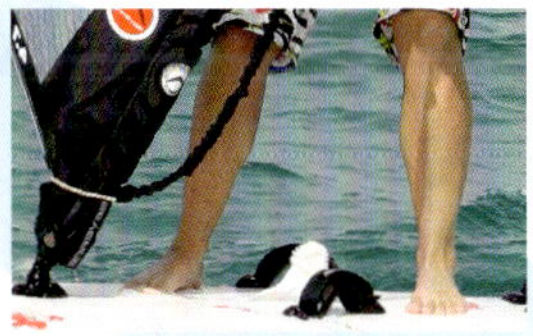

Stabile Position.

4 Segelrotation

Blicke über deine neue vordere Schulter in Fahrtrichtung. Führe das Rigg in einer kreisförmigen Bewegung in Richtung Bug. Drücke dabei dosiert mit der Segelhand und beginne die Masthand näher zum Körper zu nehmen. Das Board beginnt zu drehen, weiter abzufallen. Setze den vorderen Fuß zu den vorderen Schlaufen zurück. Stelle ihn in »Charlie Chaplin«-Position ab. Setze den hinteren Fuß in einem großen Schritt zum Mastfuß. Jetzt hast du wieder eine breite und stabile Standposition. Drücke das Schothorn durch den Wind. Dabei ist es sinnvoll darauf zu achten, dass das Schothorn weit nach oben zeigt.

Baustein-Menü

- Kopfsteuerung
- Druckpunktorientiertes Windsurfen
- Körperspannung
- Fahren in Lee
- Steuern in Lee
- Aktive Gewichtsverlagerung
- Fußwechsel
- Schothorn durch den Wind drücken

3 Scheitelpunkt und Leefahrt

Führe das Segel in der Segel-Ebene nach vorn. Ziehe dazu das Segel, ohne dass es Druck entwickelt, dicht vor dem Körper entlang mit dem Mast in Richtung Bug. Verlagere mit dem »Segel nach vorn schieben« dein Gewicht vom hinteren auf das vordere Bein. Bleibe in den Knien. Du stehst nun in der Leeposition. Strecke dazu den vorderen Arm. Deine Segelhand drückt das Segel immer nur so stark gegen den Wind, dass das Segel möglichst ruhig und stabil stehen bleibt, ohne nach vorn oder hinten auszuweichen. Dein Gewicht sollte gleichmäßig auf beiden Füßen stehen. Bleibe flexibel in den Knien, damit du viel Balance hast und dein Körperschwerpunkt tief liegt.

Baustein-Menü

- Aktive Segelsteuerung
- Druckpunktorientiertes Windsurfen
- Körperspannung
- Fahren in Lee
- Steuern in Lee

LAY DOWN

Die Race Jibe – radikal und stylisch

Das Idealbild – so soll's laufen

In der folgenden Bildserie haben wir dir die Race Jibe zusammengestellt.

Diese Form der Halse stammt, wie der Name schon sagt, aus dem Rennbereich. Erfunden wurde diese Halsenvariante, weil die Racer bei Slalom- und Kursrennen immer versuchen das Maximum an Segelgröße zu fahren. Die funktionieren zwar prächtig in der Geradeausfahrt, sorgen in den Kurven aber für eine maximale Kraftentfaltung. Die Folge ist, dass die Geschwindigkeit immer höher und die Kontrolle im Manöver immer wichtiger wird. Um die Kraft im Segel zu neutralisieren, gleichzeitig aber ein Maximum an Kantendruck und stabiler Körperlage zu erzeugen, wurde die klassische Powerhalse ausgefeilt, auch für Nicht-Rennfahrer ein tolles Starkwindmanöver. Fühlt sich gut an und sieht gut aus.

Baustein-Menü Race Jibe

- Fußsteuerung
- Körperposition in Luv- / Lee-Ebene
- Druckpunktorientiertes Windsurfen
- Aktive Segelsteuerung
- Körperspannung
- Kopfsteuerung
- Segelkraft folgen
- Mastfußorientierung
- Segel leicht stellen
- Schothorn voraus fahren
- Fußwechsel
- Schiften

Speed auf Raumschot.

Segelhand weit zurück.

Speed auf Raumschot.

1 Die Vorbereitung

Fahre Raumschot. Nimm die Segelhand extrem weit zurück, um mehr Kontrolle zu haben und mehr Kraft ausüben zu können. Hänge dich aus dem Trapez aus. Ziehe den hinteren Fuß aus der Schlaufe. Platziere den hinteren Fuß mittig zwischen den Schlaufen.

Baustein-Menü

- Fußsteuerung
- Körperposition in Luv- / Lee-Ebene

2 Startsignal

Nimm das Segel über die Segelhand dicht. Das Segel zieht nach vorn / Lee. Ziehe das Segel mit der Segelhand extrem dicht, überziehe es förmlich über das Heck. Du führst somit eine Art »Sensenbewegung« durch. Das Segel kippt stark nach Lee ab und liegt flach über der Kurveninnenseite. Strecke den Mastarm, damit das Segel freie Bahn hat. Gehe tief in die Knie für Balance und Kantendruck. Lasse dich vom Segel in die Kurve ziehen. Baue maximale Körperspannung auf, damit die Kraftübertragung klappt.

Baustein-Menü

- Druckpunktorientiertes Windsurfen
- Körperspannung
- Aktive Segelsteuerung

Der Kugelstoßer: So wird das Segel über dem Mastfuß leicht gestellt.

3 Sensenmann

Halte das Segel dicht und den Mastarm gestreckt. Bleibe tief in den Knien und halte die Körperspannung. Dein Kopf / Blick ist nach vorn gerichtet. Führe diese Bewegung aus, bis das Unterliek dein hinteres Schienbein oder Knie berührt.

Baustein-Menü

- Druckpunktorientiertes Windsurfen
- Körperspannung
- Segelkraft folgen
- Kopfsteuerung

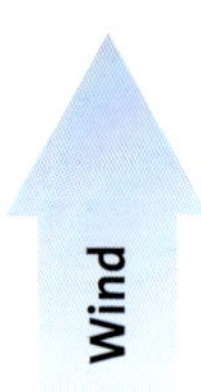

4 Schnell aufrichten

Sobald das Segel dein Bein berührt hat, richte das Segel auf. Deine Segelhand sollte wie die Kugelhand eines Kugelstoßers nach vorn stoßen. Führe das Segel über die Segelhand, bis das Segel über dem Mastfuß leicht / im Gleichgewicht steht, sonst kannst du das Segel nicht mehr rechtzeitig aufrichten. Durch das energische Öffnen des Segels wird dein Becken, das bis dato nach hinten zur Kurveninnenseite gerichtet war, in Richtung Bug gedreht und du bist bereit für den Fußwechsel. Bleibe tief in den Knien. Behalte die Körperspannung bei und blicke weiter nach vorn. Du befindest dich jetzt in der Schothorn-voraus-Fahrt.

Baustein-Menü

- Druckpunktorientiertes Windsurfen
- Körperspannung
- Mastfußorientierung
- Aktive Segelsteuerung
- Segel leicht stellen
- Schothorn voraus fahren

Vorderen Fuß ausdrehen.

Hinteren Fuß mit großem Schritt nach vorn.

Impuls vor den Körper ...

... nach Luv
... und weiter geht's.

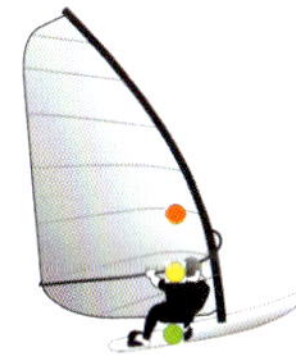

5 Fußwechsel

Drehe den vorderen Fuß aus der Schlaufe. Die Füße müssen frei beweglich sein. Setze ihn direkt an den vorderen Schlaufen auf die Brettmitte, ins sichere Zentrum des Bretts. Setze den hinteren Fuß in einem großen Schritt bis zum Mastfuß nach vorn. Durch den Ausfallschritt hast du den Druckpunkt im Griff. Die Segelhand hält das Segel immer noch fest. Bleibe immer noch in den Knien. Rutsche mit deiner Masthand nah an den Mast heran. Vorbereitung auf Griffwechsel.

Baustein-Menü
- Druckpunktorientiertes Windsurfen
- Mastfußorientierung
- Segel leicht stellen
- Fußwechsel

6 Schiften und Weiterfahren

Löse die Segelhand. Dein Segel beginnt zu rotieren. Ziehe die Masthand Richtung Körper. Das Segel darf nicht zu weit vom Körper wegbewegt werden. Greife mit der Segelhand unterhalb der Gabel an den Mast. Ziehe das Segel impulsiv vor den Körper in Richtung Luv, damit der Segeldruckpunkt über den Mastfuß kommt. Greife mit der Masthand an die neue Gabelbaumseite. Gehe dabei tief in die Knie, um den Körperschwerpunkt tief zu bringen und ein Gegengewicht für den starken Segelzug zu produzieren. Blick bleibt in Fahrtrichtung.

Baustein-Menü
- Druckpunktorientiertes Windsurfen
- Mastfußorientierung
- Schiften

CLASSIC MOVE

Der 360er – geht weiter als die Halse

Das Idealbild – Kreisverkehr

Der 360er ist bei seiner Einleitung der Powerhalse zum Verwechseln ähnlich, mutiert dann zu einer Race Jibe, bei der der Surfer irgendwie zu vergessen scheint, das Segel zum Schiften aufzurichten, und endet wie eine Wende. Was zwischendrin passiert, wollen wir dir hier erläutern.

Wie diese kleine Vorgeschichte zeigt, handelt es sich beim 360er wieder um ein Manöver, das aus etlichen Bausteinen besteht, die schon bekannt sein sollten. Die einzig wirkliche Schwierigkeit beim 360er ist der Umstand, dass sich die Druckpunktorientierung ständig ändert. Schauen wir uns das mal genauer an.

Baustein-Menü 360er

- Körperposition in Luv- / Lee-Ebene
- Körperspannung
- Fußsteuerung
- Druckpunktorientiertes Windsurfen
- Aktive Segelsteuerung
- Segelkraft folgen
- Leefahrt
- Aktive Gewichtsverlagerung
- Mastfußorientierung

1 Vorspiel

Falle auf tiefen Raumschotkurs ab. Je weiter du abfällst, desto weniger Weg musst du im Manöver zurücklegen, um den Kreis zu schließen. Hänge dich aus dem Trapez aus und nimm den hinteren Fuß aus der Schlaufe. Bringe dein Körpergewicht aus der Speedposition über das Board.

Baustein-Menü

- Körperposition in Luv- / Lee-Ebene
- Körperspannung
- Fußsteuerung

Überziehe das Segel.

2 Einleitung

Lasse die Segelhand am Gabelbaum weit nach hinten wandern. Du wirst diesen großen Hebel nachher brauchen. Nimm das Segel dicht. Ziehe das Segel hinter und nicht zum Körper dicht. Ziehe das Schothorn dabei aktiv über das Heck, du legst das Segel damit flach zur Kurveninnenseite. Strecke den Mastarm und halte das Segel mit der Segelhand dicht am Körper, damit das Schothorn nicht ins Wasser eintaucht. Gehe tief und in die Knie. Deine Standsicherheit nimmt deutlich zu. Wie bei der Powerhalse solltest du eine starke Körpervorlage (Mastfußbelastung) haben. Spanne den Körper maximal an, sodass du alles unter Kontrolle behältst.

Baustein-Menü

- Körperspannung
- Fußsteuerung
- Druckpunktorientiertes Windsurfen
- Aktive Segelsteuerung
- Segelkraft folgen

6 Push durch den Wind

Beschleunige den Vorgang, indem du das Brett mit dem vorderen Fuß aktiv nach Lee pushst. Halte das Segel dabei weiterhin stark nach vorn geneigt und halte es dicht. Das Brett fällt nun stark ab. Bleibe bewegungsbereit in den Knien. Sobald das Brett weit genug abgefallen ist, kannst du dich wieder aufrichten und dein Körpergewicht auf beiden Füßen gleichmäßig verteilen. Öffne das Segel dosiert und richte das Rigg aufrecht, für die Geradeausfahrt aus. Du fährst in die alte Richtung weiter.

Baustein-Menü

- Druckpunktorientiertes Windsurfen
- Aktive Gewichtsverlagerung
- Mastfußorientierung
- Aktive Segelsteuerung

3 Das Segel bleibt auf der Kurveninnenseite

Halte das Segel flach und bleibe in den Knien. Halte deinen Oberkörper über dem Segel. Du bleibst in dieser Position, mit viel Gewicht auf der Leekante. Lasse das Segel über der Kurveninnenseite schweben. Gehe dabei über den Punkt hinaus, in dem du normalerweise schiften würdest. Du stehst nun in der Leeposition und die Geschwindigkeit lässt stark nach. Das Segel bleibt tief über das Wasser gelegt, damit nicht zu viel Druck entsteht. Neige das Schothorn nach hinten in Richtung Heck / Wasser. Setze den vorderen Fuß vor den Mastfuß, kurz bevor das Brett aus dem Gleiten kommt. Verlagere dein Gewicht auf dein hinteres Bein und bleibe in den Knien. Dadurch kannst du das Segel länger hinten stehen lassen – das Brett dreht weiter.

Baustein-Menü

- Körperspannung
- Fußsteuerung
- Druckpunktorientiertes Windsurfen
- Segelkraft folgen

Vorderen Fuß vor den Mast.

Je tiefer in die Knie, desto besser.

Körpervorlage und Fahrt in Lee.

5 Alles nach vorn

Verlagere dein Gewicht, aus der Leefahrt kommend, im Scheitelpunkt, wenn also der Bug genau im Wind steht, komplett auf das vordere Bein. Führe gleichzeitig das Segel aktiv und weit nach vorne Richtung Bug und ziehe das Segel intensiv nach Luv dicht. Lehne deinen Körper dabei über die Luvkante nach außen. Sobald du so weit bist, solltest du dein Gewicht dosiert auf das hintere Bein verlegen. Schiebe das Brett mit dosiertem Druck auf das vordere Bein an. Der Bug bekommt nun besonders viel Druck. Diesem Druck weicht das Brett aus und fällt dadurch ab. Unterstütze den Richtungswechsel nach Lee, indem du das Segel weiterhin dicht und nach vorne geneigt hältst. Behalte auch weiterhin deine Körperspannung bei und bleibe in den Beinen bewegungsbereit.

Baustein-Menü

- Druckpunktorientiertes Windsurfen
- Leefahrt
- Aktive Gewichtsverlagerung
- Mastfußorientierung

4 Fahrt in Lee

Das Schothorn ist ganz zum Heck geneigt, du luvst so in Lee stehend an, da der Segeldruck weit hinten auf das Heck wirkt. Drücke das Segel dosiert mit der Segelhand nach Luv. So verstärkst du die Anluvbewegung. Der Mastarm bleibt gestreckt und sollte das Segel auf Abstand halten. Bleibe in deiner Position mit viel Belastung auf dem hinteren Bein, bis der Bug deines Brettes in den Wind zeigt.

Baustein-Menü

- Körperspannung
- Druckpunktorientiertes Windsurfen
- Leefahrt
- Aktive Gewichtsverlagerung

Abfallen in Lee.

Anluven in Lee.

SEVERNE

SALTO MORTALE

Frontloop – der Hingucker

Kontrollierter Schleudersturz, oder höchste Kunst am Himmel?

Neben der Powerhalse ist der Frontloop das meistgenannte Manöver auf Surfers heimlicher Wunschliste. Probleme machen bei diesem Akrobatenstück nicht die Komplexität oder der Schwierigkeitsgrad des Manövers, sondern der eigene Kopf. Wenn du hier zu viel denkst, bist du schnell gehemmt und dann geht es schief.

Also, Kopf ausschalten und einfach Spaß beim Rotieren haben und schon geht's rund. Da schau her!

5 Rotation stopp und fertig

Strecke beide Arme kurz. Bringe deinen Kopf und deinen Körper aktiv über das Brett. Nimm die Segelhand dicht und strecke den vorderen Arm. *Geschafft!*

Baustein-Menü
- Aktive Segelsteuerung
- Druckpunktorientierung
- Mastfußorientierung

4 Freeze

Bleibe lange in dieser Körperhaltung. Einfach nur stillhalten, sonst gar nichts. Um die Rotation zu stoppen, wird die Segelhand wieder geöffnet. Drehe deinen Kopf in Fahrtrichtung. Deine Beine kannst du nun langsam wieder aus der Hocke heraus strecken.

Baustein-Menü
- Körperspannung
- Aktive Segelsteuerung
- Druckpunktorientierung
- Segelkraft folgen
- Kopfsteuerung

3 Die Rotation

Ziehe die Segelhand aggressiv und impulsiv dicht. Dadurch wandert der Mast zuerst nach vorn in Richtung Bug, dann weicht der Mast nach Lee aus und zieht dich hinterher. Strecke den Mastarm aktiv durch. Jetzt rolle dich ein, sodass der Kopf runter zur Brust geht und der Rücken rund wird. Blicke unter der Segelhand hindurch nach hinten. Dadurch »versteckst« du deinen Kopf hinter deiner vorderen Schulter. Für Kopf und Ohr besteht bei dieser Ausführung weniger Gefahr. Bleibe von der Körperhaltung her kompakt, lasse also die Knie stark angewinkelt.

Tipp

Weiter Handgriff am Gabelbaum und aggressives Dichtnehmen bringen den nötigen Schwung für den Loop. Je mehr Wind, desto weiter in Luv kannst du abspringen. Übe am Anfang mit entsprechender Sicherheitsausrüstung.

Baustein-Menü Frontloop

- Körperposition in Luv- / Lee-Ebene
- Aktiver Absprung
- Druckpunktorientiertes Windsurfen
- Körperspannung
- Aktive Segelsteuerung
- Segelkraft folgen
- Kopfsteuerung
- Mastfußorientierung

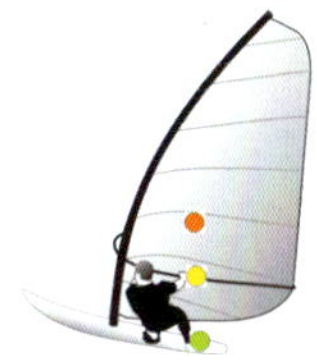

Anfahrt.

1 Alles startbereit

Drücke deine Füße noch mal tief in die Schlaufen, sodass sie fest sitzen. Segelhand am Gabelbaum weit zurücknehmen. Bringe dein Körpergewicht wie beim Chop Hop aus der Speedposition über das Brett. Hänge dich aus dem Trapez aus.

Baustein-Menü

- Körperposition in Luv- / Lee-Ebene

2 Der Absprung

Springe aus den Beinen ab. Nimm mit einem Klimmzug das Segel dicht. Der Schwerpunkt der Armarbeit muss auf der hinteren Hand liegen. Ziehe die Knie aktiv an und nimm eine kompakte Körperhaltung ein.

Baustein-Menü

- Aktiver Absprung
- Körperspannung

Baustein-Menü

- Körperspannung
- Aktive Segelsteuerung
- Druckpunktorientierung
- Segelkraft folgen
- Kopfsteuerung

Frontloop – Übung macht den Meister und enthemmt

Hier findest du einige Übungen, die du bei wenig Wind und auch mit dem Longboard durchführen kannst. Zum einen dienen die Übungen natürlich dazu, die Bewegung zu automatisieren. Zum anderen geht es auch darum, dass du dich daran gewöhnst, in welche Richtung das Manöver geht. Damit sollte die Blockade in deinem Kopf nachlassen.

Slideshow – Übung mit dem Segel

Achtung: Für diese Vorübung brauchst du extrem viel Platz nach Lee, sonst kommen Menschen und Material zu Schaden.

Stelle dich fest auf den Boden, greife mit der Segelhand am Gabelbaum weit nach hinten und schleudere das Segel impulsiv und kräftig nach vorne, indem du die Segelhand extrem anziehst. In diesem Beachbeispiel kannst du natürlich auch den Oberkörper schön mit einsetzen. Sobald das Segel in Schwung ist, lasse es los. Jetzt schau dir mal genau an, was mit dem Segel passiert. Das Segel schwebt durch die Rotation, da es die ganze Drehung über angeströmt bleibt. Ein angeströmtes Segel bedeutet, du kannst es kontrollieren. Achte bitte speziell auf die Gabelbaumseite, die du eben noch festgehalten hast. Diese Gabelbaumseite bleibt die gesamte Rotation hindurch unter dem Segel. Das bedeutet, dass die Verletzungsgefahr, die dadurch entstehen könnte, dass sich der Surfer über dem Material befindet, geringer ist als vielfach erwartet. Beobachte genau, was du tun musst, damit das Segel richtig reagiert und was vielleicht an deiner Bewegungsausführung anders ist, wenn das Segel nicht durchrotiert. Finde deine Idealbewegung.

Slideshow – Übung aus dem Stehen

Achtung: Vor dieser Übung bitte prüfen, ob es genügend Platz auf der Leeseite gibt und ob der Boden sandig (weich) ist und keine Steine oder andere harte Gegenstände aufweist.

Stelle dich in knie- bis oberschenkeltiefem Wasser fest auf den Boden, greife mit der Segelhand am Gabelbaum weit nach hinten. Indem du deine Segelhand kräftig und impulsiv zur hinteren Schulter ziehst, beginnt das Segel stark nach vorn / Lee zu ziehen. Spring, sobald du diesen Zug spürst, beherzt ab und lass dich hinter dem Segel herziehen. Wichtig ist, dass die Segelhand möglichst nah am Körper, also angezogen bleibt, da die Rotation des Segels ansonsten abrupt stoppt. Je weiter du die Drehung schaffst, desto besser war deine Bewegungsausführung. Optimal ist, wenn du auf dem neuen Halbwindkurs landest. Auch hier gilt, dass du in dich hineinhorchen solltest, um die feinen Unterschiede in deiner Bewegung differenzieren zu lernen. Diese Übung solltest du möglichst häufig machen.

Ein kleiner Tipp: Stecke deinen Mastfuß / Starplate in das Rigg und schraube das Plättchen ganz fest. So kommt kein Sand oder Dreck in die Mastverlängerung und du verlierst deine Mastfußmutter nicht.

Slideshow – Übung auf dem Brett

Bei dieser Übungsreihe, lassen sich wieder deutlich die Parallelen zu den ersten beiden Übungen erkennen (achte hierbei auf die Segelstellung und das Verhalten des Segels in den einzelnen Phasen). Diese Übung ist die schwierigste, weil hier wirklich Bewegung in allen Komponenten ist. Da das Brett während der Rotation weiterfährt, muss die Bewegung deutlich impulsiver und entschlossener sein. Bestes Zeichen für die gelungene Übung ist, wenn du neben dem Heck deines Brettes in Wasserstartposition landest.

TACK YOUR JIBE

Backwind Jibe – Halse aus der Leeposition

Hier findest du die Fahrtechnik-Serie der Backwind Jibe. Das Besondere an diesem Move ist, dass du wie bei einer Wende vorne um den Mast herumgehen musst, um anschließend auf der Leeseite stehend, dich und das gesamte Material durch die Halse zu fahren.

Boom to Boom.

1 Die Anfahrt

Fahre Halbwind oder besser Raumwindkurs. Je weiter du abfällst, desto weniger Weg hast du noch vor dir. Hänge dich aus dem Trapez aus. Bringe deinen Körper über das Brett. Nimm den hinteren Fuß aus der Schlaufe und positioniere ihn dicht hinter den vorderen Schlaufen auf der Brettlängsachse. Nimm den vorderen Fuß aus der Schlaufe. Stelle den vorderen Fuß in einem großen Schritt vor den Mast. Lasse die Zehenspitzen des vorderen Fußes schon um den Mast »auf die Leeseite gucken«. Dadurch drehst du dein Becken für die anschließende Bewegung um den Mast richtig. Nimm deine Masthand an den Mast. Belaste die Zehen von beiden Füßen, um das Brett weiter in Richtung Lee zu steuern. Halte das Segel so lange wie möglich dicht. Je mehr Speed, desto länger gleitest du durch. Einerseits stabilisiert dich die Geschwindigkeit, andererseits spürst du weniger Druck im Segel, je schneller du fährst.

Baustein-Menü

- Körperposition in Luv- / Lee-Ebene
- Mastfußorientierung
- Druckpunktorientiertes Windsurfen
- Bewegung übers Brett

2 Wende um den Mast

Löse die Segelhand. Verlagere dein Gewicht auf das vordere Bein. Greife mit der freien Hand an die neue Gabelbaumseite (Boom to Boom). Das verkürzt dir den Weg auf die neue Seite. Setze den hinteren Fuß ebenfalls zum Mastfuß.

Baustein-Menü

- Druckpunktorientiertes Windsurfen
- Bewegung übers Brett
- Körperspannung
- Fußwechsel

Baustein-Menü Backwind Jibe

- Körperposition in Luv- / Lee-Ebene
- Mastfußorientierung
- Druckpunktorientiertes Windsurfen
- Bewegung übers Brett
- Aktive Gewichtsverlagerung
- Körperspannung
- Fußwechsel
- Leefahrt
- Fußsteuerung
- Kopfsteuerung
- Schothorn durch den Wind

3 Wiegeschritt

Kaum dass der hintere Fuß gesetzt ist, muss der vordere Fuß in einem großen Schritt auf die neue, die Leeseite gesetzt werden. Positioniere diesen Fuß so weit wie möglich nach hinten, am besten in einem Schritt zwischen die vorderen und die hintere Fußschlaufe. Setze den Fuß möglichst weit auf die Leeseite, um für die anschließende Kantenbelastung gut vorbereitet zu sein. Löse die Hand vom Mast und ziehe das Rigg in der Segelebene nach vorn und luv am Körper vorbei. Greife mit der neuen Segelhand weit an die neue Gabelbaumseite. Halte das Segel weiter neutral, indem du den Mastarm gestreckt hältst.

Baustein-Menü
- Druckpunktorientiertes Windsurfen
- Aktive Gewichtsverlagerung
- Körperspannung
- Fußwechsel
- Leefahrt
- Fußsteuerung

4 Leefahrt

Gehe leicht in die Hocke (Körperschwerpunkt am Brett). Tief in den Knien hast du viel mehr Balance und Kontrolle. Halte das Segel weiterhin über die gestreckte Masthand (gewichts-) neutral.

Baustein-Menü
- Druckpunktorientiertes Windsurfen
- Aktive Gewichtsverlagerung
- Körperspannung
- Leefahrt
- Fußsteuerung

5 Powerbein

Verlagere dein Gewicht komplett und maximal auf das hintere Bein. Dein Körpergewicht sollte dabei möglichst über deine Fersen auf das Brett gebracht werden. Dein Brett carved die Kurve in Richtung Lee. Halte das Segel dosiert unter Druck. Drehe deinen Kopf impulsiv über die vordere Schulter in Fahrtrichtung, damit die Drehung in Richtung Luv eingeleitet wird.

Baustein-Menü

- Druckpunktorientiertes Windsurfen
- Aktive Gewichtsverlagerung
- Körperspannung
- Leefahrt
- Fußsteuerung
- Kopfsteuerung

6 Der Push

Pushe das Segel über die Segelhand mit dem Schothorn durch den Wind. Ziehe die Masthand zum Körper. Lässt du den Mastarm lang, kann das Segel zu viel Druck entwickeln. Verlagere erst jetzt dein Gewicht vom hinteren auf das vordere Bein.

Baustein-Menü

- Druckpunktorientiertes Windsurfen
- Aktive Gewichtsverlagerung
- Fußsteuerung
- Kopfsteuerung
- Körperspannung
- Schothorn durch den Wind
- Mastfußorientierung

LECKER MOVE

Donut – Luv 360er

Alles was du brauchst um den 360er nach Luv zu fahren

Der Donut könnte aus einer Helikopter-Wende entstanden sein, bei der der Erfinder vergessen hat, aus den Schlaufen herauszugehen und das Segel nicht hat schiften lassen. Was passiert in diesem Moment? Brett und Segel drehen in den Wind und spinnen dann förmlich nicht nur durch den Wind, sondern auch gleich durch den Vorwindkurs. Schwerpunkt in Bezug auf die Bausteine ist hier allen voran die aktive Gewichtsverlagerung.

1 Vollgas Anfahrt

Falle vor dem Manöver leicht auf Raumschot ab, um vor dem Anluven noch mal richtig auf's Gas zu drücken. Greife mit der Segelhand nach hinten. Hänge dich in der Speedfahrt aus dem Trapez aus. Der Blick geht über die vordere Schulter in Fahrtrichtung. Lehne das Segel in der Segelebene nach hinten. Belaste die Luvkante deines Brettes. Das Gewicht ist auf dem hinteren Bein.

Baustein-Menü

- Körperposition in Luv- / Lee-Ebene
- Druckpunktorientiertes Windsurfen
- Körperspannung
- Fußsteuerung

Anluven.

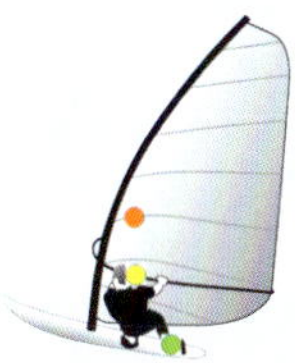

Segel und Körpergewicht nach vorn.

2 Scheitelpunkt

Bleibe auf dem hinteren Bein, bis der Bug im Wind steht. Führe das Segel dicht am Körper vorbei, über die Masthand, in der Segelebene ohne Druck nach vorn. Verlagere dein Körpergewicht auf das vordere Bein.

Baustein-Menü

- Druckpunktorientiertes Windsurfen
- Körperspannung
- Fußsteuerung
- Segel leicht stellen
- Mastfußorientierung

6 Abschluss

Öffne deine Segelhand aktiv. Ziehe die Masthand leicht zu dir hin. Bleibe sehr tief in beiden Knien stehen. Nimm das Segel wieder dosiert dicht und richte dich zur Anfahrt langsam auf.

Baustein-Menü

- Druckpunktorientiertes Windsurfen
- Körperspannung
- Kopfsteuerung
- Mastfußorientierung

Baustein-Menü Donut

- Körperposition in Luv-/Lee-Ebene
- Druckpunktorientiertes Windsurfen
- Körperspannung
- Fußsteuerung
- Segel leicht stellen
- Mastfußorientierung
- Aktive Gewichtsverlagerung
- In Lee fahren
- Steuern in Lee
- Kopfsteuerung
- Schothorn durch den Wind

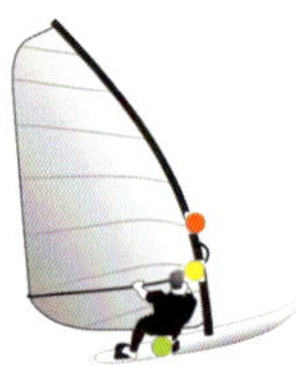

3 Leefahrt

Du stehst nun in Lee. Sei in den Knien bewegungsbereit und belaste weiter den vorderen Fuß. Lasse das Segel weiter über deine gestreckte Masthand vorne stehen. Vorderer Arm bleibt gestreckt und Segelhand baut dosiert Druck im Segel auf. Das Brett beginnt, auf der Stelle stehend eine Kreisbewegung nach Lee.

Baustein-Menü

- Druckpunktorientiertes Windsurfen
- Körperspannung
- Mastfußorientierung
- Aktive Gewichtsverlagerung
- In Lee fahren
- Steuern in Lee

5 Durchdrehen

Die Knie sind gebeugt und das Gewicht auf dem hinteren Bein. Drehe deinen Kopf und Oberkörper explosionsartig in die neue Fahrtrichtung. Board und Segel bekommen einen Kick in die neue Fahrtrichtung und das Schothorn wird durch den Wind gedrückt. Verlagere dein Gewicht gleichmäßig auf beide Füße.

Baustein-Menü

- Druckpunktorientiertes Windsurfen
- Körperspannung
- Aktive Gewichtsverlagerung
- Kopfsteuerung
- Schothorn durch den Wind

4 Abfallen lassen

Bleibe tief in den Knien. Verlagere dein Gewicht auf das hintere Bein. Lasse das Segel tief über der Luvseite liegen. Mast bleibt vorn, Segelhand gestreckt und die Masthand dosiert weiter. Das Material fällt in Leefahrt immer weiter ab.

Baustein-Menü

- Druckpunktorientiertes Windsurfen
- Körperspannung
- Mastfußorientierung
- Aktive Gewichtsverlagerung
- In Lee fahren
- Steuern in Lee

Wind

DIE »DRÜCKE-WENDE«

Push Tack

Das Idealbild – Halse in die besondere Wende
Was war das? Erst Halseneinleitung, dann plötzlich der Bogen zurück nach Luv und mit dem Schothorn voraus eine neue Art der Wende gefahren? Die Push Tack besteht allerdings nur aus guten, alten Bekannten. Wirf doch mal einen Blick auf das Baustein-Menü der Push Tack. Kein Grund also, dass du dich vor der Drücke-Wende drückst.

Klassischer Fußwechsel.

Hinterer Fuß vor.

2 Fußwechsel

Bleibe tief in den Knien. Nimm den Fußwechsel vor und richte das Brett in Geradeausfahrt aus. Dein vorderer Fuß dreht aus der Schlaufe in die Boardmitte. Setze den ehemals hinteren Fuß in einem großen Schritt bis vor den Mastfuß. Drehe deinen Oberkörper und das Segel nach Luv auf. Dein Blick geht durch das Segel nach Luv. Du stehst auf der Leeseite des Segels.

Baustein-Menü

- Mastfußorientierung
- Fußwechsel
- Bewegung übers Brett
- Körperspannung
- Aktive Segelsteuerung
- Fahren in Lee
- Steuern in Lee
- Schothorn voraus fahren

1 Einleitung

Hänge dich aus dem Trapez aus. Falle auf Raumwindkurs ab, damit das Segel mit möglichst wenig Druck bewegt werden kann, das Brett aber möglichst lange weiter gleitet. Setze die Segelhand am Gabelbaum weit nach hinten, damit hast du die besten Voraussetzungen für die gleich folgende Schothorn-voraus-Fahrt. Nimm den hinteren Fuß aus der Fußschlaufe. Die beste Position zum Absetzen ist boardmittig zwischen den Schlaufen. Nimm das Segel weiter dicht. Gehe tief in die Hocke und halte deine Knie bewegungsbereit. Durch den Knieschub belastest du die Leekante des Brettes. Das Board beginnt seine Kurve in Richtung Lee.

Baustein-Menü

- Fußsteuerung
- Körperposition in Luv- / Lee-Ebene
- Körperspannung
- Aktive Segelsteuerung

Mit Gas in die Push Tack.

Baustein-Menü Push Tack

- Fußsteuerung
- Körperposition in Luv- / Lee-Ebene
- Körperspannung
- Aktive Segelsteuerung
- Mastfußorientierung
- Fußwechsel
- Bewegung übers Brett
- Fahren in Lee
- Steuern in Lee
- Schothorn voraus fahren
- Kopfsteuerung
- Aktive Gewichtsverlagerung
- Schothorn durch den Wind drücken
- Schiften

3 Switch- und Leefahrt

Schaue aktiv über deine hintere Schulter. Verlagere dein Gewicht auf das hintere Bein und hier speziell auf die Zehen. Bleibe mit dem Körper tief. Neige den Mast weit zum Wasser. Das Schothorn zeigt nach oben. Strecke dazu den Segelarm und dosiere den Segeldruck mit der Masthand. Das Segel sollte möglichst gewichtsneutral stehen und wird hauptsächlich über die vordere, die Segelhand geführt. Der Druck, den das Segel noch entwickelt, wird ausschließlich über die Masthand generiert. Masthand strecken bedeutet mehr Druck, sie anwinkeln, weniger Druck. Das Brett kann und soll nur noch anluven.

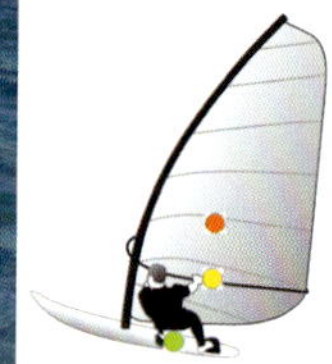

Baustein-Menü

- Fahren in Lee
- Steuern in Lee
- Schothorn voraus fahren
- Kopfsteuerung
- Aktive Gewichtsverlagerung
- Körperspannung

4 Push durch den Wind

Sobald der Bug im Wind steht, drehe deinen Kopf aktiv über die vordere Schulter in Fahrtrichtung. Richte das Segel aktiv auf, sodass das Schothorn zum Bug geht. Verlagere dein Gewicht vom hinteren auf das vordere Bein. Indem du deine Segelhand streckst und die Masthand dichtnimmst, beendest du die Fahrt in Lee. Drücke das Schothorn durch den Wind. Nimm das Segel über die Masthand dicht. Du bist jetzt in normaler Schothorn-voraus-Fahrt. Beuge das hintere Bein und strecke das vordere, sodass das Brett schnell auf den neuen Kurs abfallen kann.

Baustein-Menü

- Kopfsteuerung
- Schothorn voraus fahren
- Aktive Gewichtsverlagerung
- Mastfußorientierung
- Schothorn durch den Wind drücken

5 Schiften

Sobald du bis auf den neuen Halbwind- oder sogar Raumschotkurs abgefallen bist, verlagere dein Gewicht auf beide Beine und bleibe tief in den Knien. Löse die Segelhand aktiv und schifte das Segel.

Baustein-Menü

- Mastfußorientierung
- Schiften

6 Weiterfahrt

Jetzt ist es eine deiner einfachsten Übungen. Einfach dichtnehmen und wieder losfahren.

DUCK-TRICK

Duck Tack – die getauchte Wende

Das Idealbild – so lässt du das Segel durch die Wende schweben

Die Duck Tack gehört mit zum technisch Anspruchsvollsten, was die Manöverpalette im Windsurfen hergibt. Lässt man die Windrichtung außer Acht, erinnert das Durchtauchen unter dem Segel bei dieser Wende an die Duck Jibe. Der Knackpunkt besteht darin, das Segel sozusagen an der Windkante entlang zuerst weit nach Luv über den Bug zu schieben, um es anschließend in derselben Ebene wieder vor den Körper zu bekommen.

1 Switch-Anfahrt

Falle vor dem Manöver auf raumschot ab. Greife mit der Segelhand weit nach hinten, damit ist der Weg zum Gabelbaumende vorbestimmt. Hänge dich in der Speedfahrt aus dem Trapez aus. Wechsel deine Fußposition in den Switchstance. Dabei steht das hintere Bein unmittelbar hinter den vorderen Schlaufen und das vordere Bein hinter dem Mastfuß. Die Standposition beider Füße ist boardmittig. Stabilisiere deine Fahrt in Switchposition. Gehe leicht in die Knie und belaste deine Zehenspitzen, dadurch beginnt das Brett anzuluven. Der Blick geht über die vordere Schulter in Fahrtrichtung.

Baustein-Menü
- Körperposition Luv- / Lee-Ebene
- Switch fahren
- Fußsteuerung
- Druckpunktorientiertes Windsurfen
- Körperspannung
- Kopfsteuerung

In Gleitfahrt aushängen.

Anluven.

2 Tauchfahrt

Auf Amwindkurs angekommen, öffne das Segel leicht und führe das Segel nach Luv. Nur der Mast wird angeströmt, das Segel ist komplett leicht gestellt, es schwebt förmlich in der Luft. Die Masthand greift zum Gabelbaumende. Löse die Segelhand von der Gabel. Die Hand am Gabelbaumende führt das Segel weiter nach Luv. Gehe tief in die Knie. Bringe dein Gewicht auf das hintere Bein, dadurch belastest du die Luvkante noch mehr. Das Segel steht immer noch leicht und neutral im Wind. Tauche unter dem Segel her und blicke ganz bewusst wieder über die neue vordere Schulter.

Baustein-Menü
- Switch fahren
- Fußsteuerung
- Druckpunktorientiertes Windsurfen
- Körperspannung
- Segel leicht stellen

Masthand nach hinten.

Segel führen.

Baustein-Menü Duck Tack

- Körperposition in Luv- / Lee-Ebene
- Switch fahren
- Fußsteuerung
- Druckpunktorientiertes Windsurfen
- Körperspannung
- Kopfsteuerung
- Segel leicht stellen
- In Lee fahren
- Mastfußorientierung
- Aktive Gewichtsverlagerung

3 Schwebephase

Du stehst nun in Lee. Bleibe tief in den Knien und belaste weiter über den hinteren Fuß die Luvkante. Ziehe das Segel mit der Hand am Gabelbaumende energisch in der Luv- / Lee-Ebene wieder zurück in Richtung Heck. Das Segel schwebt wieder vor dir. Kurz bevor du das Segel loslässt, drücke / ziehe das Segel noch einmal kurz nach Luv, damit wird der Druck im Segel erhöht und das Segel beginnt aufzusteigen.

Baustein-Menü

- Fußsteuerung
- Druckpunktorientiertes Windsurfen
- Körperspannung
- Segel leicht stellen
- In Lee fahren

6 Losfahren

Neige das Segel stark nach vorn. Lasse dein Körpergewicht über den hinteren Fuß wandern. Gehe mit dem hinteren Bein tief in die Knie. Strecke das vordere Bein. Nimm das Segel beherzt dicht und presse das Brett mit gestrecktem vorderem Bein mit dem Bug vom Wind weg, sodass dein Brett bis auf den neuen Halbwindkurs abfallen kann.

Baustein-Menü
- Druckpunktorientiertes Windsurfen
- Körperspannung
- Mastfußorientierung
- Aktive Gewichtsverlagerung

5 Grundstellung

Bringe dein Gewicht wieder auf beide Füße. Bleibe tief in den Knien.

Baustein-Menü
- Druckpunktorientiertes Windsurfen
- Körperspannung
- Aktive Gewichtsverlagerung
- Mastfußorientierung

4 Beherzt zugreifen

Greife mit deiner vorderen Hand vor dem Druckpunkt des Segels an den Gabelbaum. Greife möglichst schnell auch mit der hinteren Hand zu. Das Körpergewicht bleibt auf dem hinteren Bein und hier auf den Zehenspitzen. Die Segelebene und damit der Druckpunkt sollten weit nach hinten (Schothorn zum Wasser) wandern.

Baustein-Menü
- Druckpunktorientiertes Windsurfen
- Körperspannung
- In Lee fahren

BRETTDREHUNG IN DER LUFT

Willy Skipper – Freude am Sliden

Das Idealbild – so drehst du das Board in der Luft

In der folgenden Bildserie haben wir dir die Fahrtechnik des Willy Skippers zusammengestellt. Der Absprung und die Boarddrehung in der Luft erinnern optisch an die gute, alte Aereal Jibe. Tatsächlich kann man die beiden Bewegungen aber kaum miteinander vergleichen. Beim Willy Skipper kannst du den Abschluss des Manövers vielfältig und individuell gestalten. Hier gibt es keinerlei Vorgaben.

Pushvariante.

5 Der Abschluss

An dieser Stelle hättest du die erste Gelegenheit den Willy Skipper zu beenden, indem du das Segel öffnest, es schiftest, auf der neuen Seite neu zugreifst und entgegen der bisherigen Fahrtrichtung wieder startest. Grundsätzlich kann man sagen, wenn du die Rückwärtsfahrt kontrollierst, hast du den Willy Skipper geschafft. Nun hast du 1001 Varianten, um das Manöver endgültig abzuschließen. 180°-Boarddrehung, Segel auf anderer Seite dichtnehmen, Push- und Segelrotationsvarianten.

4 Die Landung

Bringe zur Landung dein Gewicht auf das Bein vor dem Mast, damit das Brett weiter rutschen kann. Drehe deine Hüfte nun in Richtung auf den Bug, dadurch verlagerst du dein Gewicht wieder auf beide Beine. Das Brett kann in planer Lage rückwärts weiter gleiten. Durch Belastung deiner Zehenspitzen und einer entsprechenden Belastung der Leekante bringst du das Brett in der Rückwärtsfahrt zum Abfallen. Halte eine extreme Körperspannung. Bleibe mit deinem Körper über und am Brett.

Baustein-Menü

- Druckpunktorientiertes Windsurfen
- Körperspannung
- Fußsteuerung
- Mastfußorientierung

3 Die Drehung

Das vordere Bein ist der Drehpunkt und über das hintere Bein wird das Brett in die Drehung geführt (Beinschere). Der vordere Fuß dreht automatisch aus der Schlaufe, wenn du sie groß genug eingestellt hast. Schaue während der Brettrotation auf deine Füße. Setze den hinteren Fuß vor den Mast auf die Längsachse des Brettes. Je größer der Schritt, desto größer die Stand-

Baustein-Menü Willy Skipper

- Körperposition in Luv- / Lee-Ebene
- Druckpunktorientiertes Windsurfen
- Körperspannung
- Aktiver Absprung
- Fußsteuerung in der Luft
- Bewegung übers Brett
- Kopfsteuerung
- Fußwechsel
- Fußsteuerung
- Mastfußorientierung

sicherheit. Dein Körper bleibt über dem Brett. Bleibe in den Beinen extrem bewegungsbereit, um deine brettmittige Körperposition halten zu können.

Baustein-Menü

- Druckpunktorientiertes Windsurfen
- Körperspannung
- Fußsteuerung in der Luft
- Bewegung übers Brett
- Kopfsteuerung
- Fußwechsel

2 Der Absprung

Hänge dich dabei nicht an das Segel (kein Klimmzug), sonst neigt sich der Körper über die Luvseite. Halte das Segel dicht. Benutze das Segel als Halterung. Lasse den Mast aufrecht stehen. Das Körpergewicht bleibt über dem Board, sonst rutscht das Board unter dem Körper weg.

Baustein-Menü

- Druckpunktorientiertes Windsurfen
- Körperspannung
- Aktiver Absprung

1 Die Anfahrt

Fahre Halbwind- oder besser Amwindkurs. Nimm die Segelhand an der Gabel nach hinten. Das gibt dir mehr Dosierungsmöglichkeiten des Segels. Hänge dich aus dem Trapez aus. Bringe deinen Körper über das Brett, das verbessert deinen Absprung. Nimm den hinteren Fuß aus der Schlaufe. Stelle den Fuß vor der hinteren Schlaufe ab. Eine breite Fußstellung macht dich standsicherer. Springe aktiv aus den Beinen ab. Dabei musst du genau darauf achten, dass dein Oberkörper möglichst über der Brettlängsachse bleiben sollte.

Baustein-Menü

- Körperposition in Luv- / Lee-Ebene

SEVERNE

SLIDE-SHOW

Air Jibe – die Halse in der Luft

Das Idealbild – so geht's auch, aber mit den Füßen in den Schlaufen

In der folgenden Bildserie haben wir dir die Grundform der Air Jibe zusammengestellt. Die Air Jibe stellt das Einstiegsmanöver in die wirklich schwierigen Freestyle-Moves dar, denn Spock, Grubby, Flakka und ihre Artgenossen setzen sich zu einem großen Teil aus der Air Jibe zusammen.

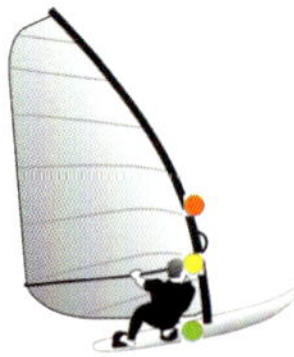

4 Der Abschluss

Ziehe das Segel mit neuer Masthand komplett vor den Körper. Lasse dein Körpergewicht maximal auf den Mastfuß gestützt. Nimm das Segel dosiert dicht. Wechsle deine Fußposition.

Baustein-Menü

- Druckpunktorientiertes Windsurfen
- Körperspannung
- Aktive Gewichtsverlagerung
- Mastfußorientierung
- Switch fahren
- Aktive Segelsteuerung

Im Switchstance geht's los.

3 Die Landung

Führe das Segel in der Segelebene mit der Masthand nach Luv neben den Körper. Lehne den Körper weit auf den Mastfuß vor, sonst fällst du durch das Rückwärtsausrutschen zum Heck hin ins Wasser. Hebe deine Fersen an, um den Aspekt der Vorlage noch zu unterstützen. Greife mit der neuen Segelhand auf die neue Seite.

Baustein-Menü

- Druckpunktorientiertes Windsurfen
- Körperspannung
- Aktive Gewichtsverlagerung
- Mastfußorientierung
- Switch fahren

Extreme Körpervorlage.

Baustein-Menü Air Jibe

- Körperposition in Luv- / Lee-Ebene
- Körperspannung
- Druckpunktorientiertes Windsurfen
- Aktiver Absprung
- Kopfsteuerung
- Fußsteuerung in der Luft
- Aktive Gewichtsverlagerung
- Mastfußorientierung
- Switch fahren
- Aktive Segelsteuerung

1 Die Anfahrt

Fahre Halbwind- oder Amwindkurs. Hänge dich aus dem Trapez aus. Bringe deinen Körper über das Brett. So verbesserst du deinen Absprung. Lasse beide Füße fest in den Schlaufen. Die Masthand rutscht unmittelbar vor dem Absprung an der Gabel in Richtung Mast. Vorbereitung auf das Umgreifen. Springe aktiv aus den Beinen ab. Hänge dich dabei nicht an das Segel (kein Klimmzug), sonst neigt sich der Körper über die Luvseite. Lasse den Mast aufrecht stehen. Das Körpergewicht bleibt über dem Board, sonst rutscht das Board unter dem Körper weg.

Baustein-Menü

- Körperposition in Luv- / Lee-Ebene
- Körperspannung
- Druckpunktorientiertes Windsurfen
- Aktiver Absprung

Mit Köpfchen zur Drehung.

Die hintere Hand geht an den Mast oder die neue Gabelbaumseite.

2 Die Drehung

Ziehe die Knie an; das Heck muss frei drehen können. Der Körper bleibt über dem Brett. Das hintere Bein führt über eine Beinscherbewegung das Heck um den vorderen Fuß herum. Lasse die hintere Hand los. Das Segel beginnt um die Masthand zu schiften. Der Kopf dreht schwungvoll gegen die Fahrtrichtung. Der Körper folgt dem Kopf und dreht automatisch mit. Greife mit der Segelhand an den Mast oder zur neuen Gabelbaumseite.

Baustein-Menü

- Kopfsteuerung
- Druckpunktorientiertes Windsurfen
- Körperspannung
- Fußsteuerung in der Luft
- Aktive Gewichtsverlagerung

Bausteinkasten – gefahrene Manöver

Körperspannung

Die Körperspannung ist ein elementarer Baustein des Windsurfens. Er sollte von der ersten Stunde des Grundkurses an geübt, spätestens aber beim Trapezfahren verinnerlicht werden. Leider ist das nicht bei allen fortgeschrittenen Windsurfern der Fall. Die Körperspannung entscheidet u. a. darüber, ob du entspannt und ohne Kraft im Trapez fährst, ob du früh angleitest oder Windlöcher durchgleitest. Sie entscheidet letztendlich darüber, ob du bei Manövern »wasserst« oder sie mit Eleganz ins Wasser zirkelst.

Körperspannung-Simulator.

Bewegungsbeschreibung

Deine Knie sollten ganz leicht gebeugt und somit bewegungsbereit sein. Deine Beinmuskulatur ist hierdurch angespannt. Schiebe dein Becken leicht nach vorne. Bei dieser Bewegung kneifst du automatisch die Pobacken zusammen und spannst deine Gesäßmuskulatur sowie den unteren Rücken und die Bauchmuskulatur an. Schiebe jetzt deine Schultern zurück Richtung Wasser. Dein Rücken ist gestreckt und du stehst mit einer perfekten Körperspannung auf deinem Brett. Das ist gar nicht so schwer. Drehe zusätzlich den Kopf in Fahrtrichtung und die Hüfte nach vorne. Kontrolliere dich von Zeit zu Zeit selber, ob du in jeder Situation (beim Angleiten, beim entspannten Gleiten, bei Manövern etc.) diese Körperspannung praktizierst.

Übungen zur Körperspannung

Du kannst die exakte Haltung natürlich auch an einem Speedsimulator – wie im Bild Körperspannung-Simulator gezeigt – üben. Du schaltest so lästige Umweltfaktoren (Böen im Segel, Wellen, etc.) aus und kannst dich ganz auf deine Haltung konzentrieren. Lass dich ruhig auch dabei fotografieren oder filmen. Die Außenwahrnehmung ist immer eine andere als die Innenwahrnehmung.

Mehrere Surfer hängen sich in das zum Kreis gebundene Seil ein. Solange jeder mit der oben beschriebenen Körperspannung eingehängt steht, ist der Kreis stabil. Hebt einer im Kreis die Körperspannung auf, so wird der gesamte Kreis instabil. Übe dieses am besten immer mit mehreren hübschen Frauen, als Frau mit ein paar knackigen Jungs, das macht mehr Spaß beim Fallen (-:

Eine weitere Übung zur Körperspannung zeigen die

Kreisseil 1.

Kreisseil 2.

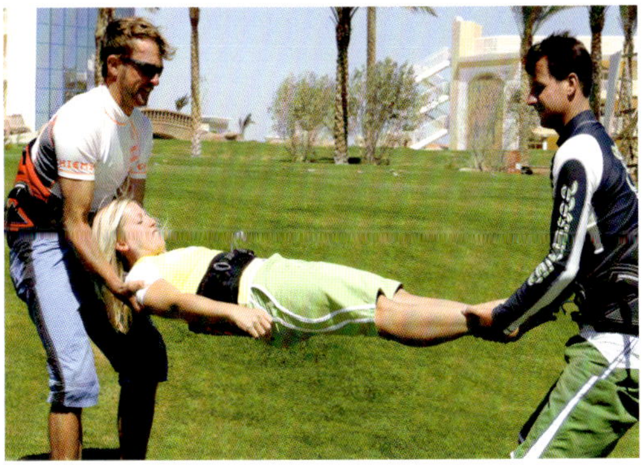

Hebefigur 1.

Hebefigur 2.

Bilder Hebefigur 1 und 2: Ein Surfer legt sich auf den Rücken. Ein Partner nimmt die Füße, der Zweite die Schultern. Der Liegende gibt das Kommando, nachdem er seinen ganzen Körper angespannt hat. Die Partner heben den auf dem Rücken Liegenden gleichzeitig hoch. Ihr werdet sehen, dass diese Übung unter Körperspannung des Angehobenen recht leicht ist. Probiert nach dem Absetzen die gleiche Übung mal, ohne dass der Liegende sich anspannt – unmöglich! Am wichtigsten ist auch hierbei die Spannung der Rumpfmuskulatur.

Segel leicht stellen

Den Begriff kennen einige von euch vielleicht noch aus der Surf-Grundschule, dem Einsteigerkurs. Die modernen Segel von heute besitzen alle einen fixen Druckpunkt, der auch bei starkem Wind kaum noch wandert. Er befindet sich ungefähr auf Gabelbaumhöhe am Ende des ersten Drittels einer gedachten Linie vom Mast bis zum Schothorn. Im gleichen Punkt des Segels befinden sich ebenfalls der Drehpunkt und der Schwerpunkt des Segels.

Bewegungsbeschreibung

Du musst bei Manövern wie zum Beispiel der Powerhalse diesen Druckpunkt des Segels in kritischen Momenten (z. B. beim Segelschiften) genau über die Boardmitte stellen, so hat das Segel kein Gewicht, keine Kraft mehr. Das gelingt, indem du nicht nur den Mast aufrichtest, sondern das ganze Segel mit dem Mast ein Stück weit nach Luv kippst. Das Schothorn ist dann nach oben ausgerichtet. Erst dann kommt der Druckpunkt auch wirklich über das Brett. Du hast das Segel leicht gestellt, es steht direkt im Gleichgewicht. Du kannst das Segel nun nur durch einen kleinen Impuls schiften, ganz ohne Kraft. Wie findest du diesen Punkt des Gleichgewichts?!

Übung zu Segel leicht stellen

Fixiere dein Rigg am Strand auf deinem Board oder mit dem Mastfuß im Sand. Halte das Rigg nur mit einer Hand am Mast oder am Gabelbaumkopfstück. Nur dein Mast wird so vom Wind angeströmt, dein Schothorn zeigt genau auf Vorwindkurs und du hast keinerlei Druck im Segel. Versuche das Rigg nun so zu stellen, dass du es kurzzeitig loslassen kannst (du kannst z. B. klatschen oder dich um 360 Grad drehen), ohne dass das Segel umfällt. In dieser Position muss das Rigg beim Schiften stehen, ob das nun bei einer Powerhalse, bei der Heli Tack oder bei einem anderen Schiftmanöver ist.

Segel leicht stellen.

Aktive Segelsteuerung

Durch eine aktive Segelsteuerung werden Impulse gesetzt und viele Manöver eingeleitet. In der Nichtgleitfahrt muss das Segel in sehr weiten Ausschlägen in der Segelebene verschoben werden, um Lenkimpulse auszulösen. Bist du hingegen in voller Gleitfahrt oder schwebst du beim Springen in der Luft und alle drei Druckpunkte sind im Lot, so reicht ein geringes Verschieben des Segels, um einen Lenkimpuls zu erzeugen. Wichtig ist hierbei, dass das Segel dichtgehalten wird. Machst du das Segel wegen eines zu starken Drucks auf, wird kein oder nur ein sehr schwacher Impuls erzeugt.

Bewegungsbeschreibung

Zum Anluven musst du das Schothorn Richtung Heck und Wasser neigen. Du kannst hierbei ein wenig weiter an der Gabel nach vorne greifen. Dein Gewicht ist verstärkt auf dein hinteres Bein verlagert. Vor dem Abfallen greife mit deiner hinteren Hand weit Richtung Schothorn, da du sonst beim Vorschieben des Segels Richtung Bug / Luv das Segel nicht dichthalten kannst. Beuge zusätzlich dein hinteres Bein und strecke dein vorderes durch. Wie beim Seilziehen kannst du dem Segeldruck so mit deinem Körpergewicht und nicht nur mit deiner Armkraft entgegenwirken, ein riesiger Vorteil, wie du merken wirst.

Übungen zur aktiven Segelsteuerung

Fahre in Verdrängerfahrt mittels aktiver Segelsteuerung Schlangenlinien. Versuche die Radien erst groß und weit und später immer enger zu fahren. Suche dir einen Orientierungspunkt an Land oder auf dem Wasser. Versuche eine gedachte Linie zwischen dir und dem Orientierungspunkt zu ziehen und diese Linie bei jedem Ausschlag nach Lee und auch nach Luv deutlich zu kreuzen. Hast du die Möglichkeit, dir Bojen zu setzen, setze dir zwei Markierungen auf das Wasser und kreuze die Verbindungslinie der

Aktive Segelsteuerung 1.

beiden. Du kannst dich so auch mit Freunden matchen – wer schafft mehr Ausschläge auf einer fixierten Strecke?
Tipp: Auch diese Übung kannst du bei wenig Wind mit einem großvolumigen Brett und kleinem Segel optimal üben.

Mastfußorientierung

Die Mastfußorientierung ist ebenfalls ein elementarer Baustein des Windsurfens. Du kannst über einen Druck von oben auf die Gabel, in Verlängerung über deinen Mast, Druck auf deinen Mastfuß ausüben. Da der Mastfuß in der Regel recht weit vorne auf dem Brett angebracht ist, drückst du dein Brett an dieser Stelle zusätzlich ins Wasser. Du bringst so mehr Fläche / Volumen von deinem Brett aufs Wasser. Das hat Vorteile beim Angleiten und Durchgleiten von Windlöchern sowie beim Durchgleiten von Manövern. Vor allem aber stabilisiert dich der Druck auf den Mastfuß. Du schaffst dir hierdurch eine Art drittes Standbein, und zwar in der Brettmitte, dort,

Aktive Segelsteuerung 2.

Mastfußorientierung 1.

Mastfußorientierung 2.

wo du am stabilsten stehst. Hebst du nun ein Bein an, um zum Beispiel in die Fußschlaufen zu schlüpfen oder bei der Powerhalse den Fußwechsel zu machen, stehst du nicht auf einem, sondern auf zwei Beinen. Wie du dir vorstellen kannst, ein riesiger Vorteil in Sachen Kippstabilität. Beim Springen kontrollierst du über den Druck auf den Mastfuß dein schwebendes Brett. Du kannst so auch die Neigung der Brettspitze verändern.

Bewegungsbeschreibung

Du kannst Druck auf den Mastfuß über deinen vorderen Arm ausüben. Drücke die Gabel nach unten, indem du dich etwas nach vorne lehnst und dich mit deinem Körpergewicht an die Gabel hängst, ähnlich wie ein Klimmzug. Auf diese Weise verlagert sich dein Gewicht von deinen Füßen auf den Mastfuß. Hast du ein Sitztrapez, kannst du dich einfach ein wenig ins Trapez hineinsetzen. Auch hiermit gibst du in Verlängerung über die Gabel und den

Mast Druck auf den Mastfuß. Im Trapez hängend solltest du zusätzlich die Hüfte nach vorne in Fahrtrichtung drehen. Du verkürzt und spannst so den vorderen Trapeztampen, der in Verlängerung wiederum Druck auf den Mastfuß erzeugt.

Übungen zur Mastfußorientierung

Trainieren kannst du die Mastfußorientierung, also den Druck auf den Mastfuß, wie auf den Bildern Mastfußorientierung 1 und 2 beispielhaft gezeigt. Du läufst auf dem Board langsam und in kleinen Schritten Richtung Heck. Versuche so weit wie möglich mit deinen Füßen nach hinten zu kommen, ohne dass deine Brettspitze sich hebt. Dein Körper kommt in eine Schieflage, ein großer Teil deines Körpergewichtes hängt an der Gabel und drückt somit über den Mastfuß auf das Board und stabilisiert dich. Dein Brett fährt plan weiter.

Du kannst dich auch auf dein Board knien, dich setzen oder hocken. Es gibt die unterschiedlichsten Übungen für diesen Baustein. Wichtig ist, dass du beim Üben fühlst, ob du Druck auf den Mastfuß ausübst oder nicht. Die meisten dieser Übungen funktionieren ohne Druck auf den Mastfuß nicht. Versuche zunächst auf einem geraden Kurs zu fahren, am besten Halbwindkurs.

Tipp: Diese Übungen kannst du auch alle bei wenig Wind mit einem großvolumigen Brett und kleinem Segel üben.

Druckpunktorientiertes Windsurfen

Bei den enormen Kräften, die beim Windsurfen auftreten, kannst du nur entspannt, lange und erfolgsorientiert Spaß haben, wenn du den Segel-, Körper- und Brettdruckpunkt jederzeit im Lot übereinander stellst. Das gilt sowohl beim Fahren, wie auch beim Fliegen in der Luft. Nur in kurzen Momenten, in denen du Impulse für z. B. eine Richtungsänderung oder ein Manöver setzen willst, solltest du dieses Lot kurzzeitig aufheben.

Bewegungsbeschreibung

Da die Position des Brettdruckpunktes einzig und allein von der Geschwindigkeit des Brettes abhängt (schnelle Fahrt = weiter hinten; langsame Fahrt = weiter vorne), musst du deinen Körperdruckpunkt durch Gewichtsverlagerung und durch Schritte auf dem Brett anpassen. Auch der Segeldruckpunkt ist fix im Segel. Du kannst ihn jedoch durch Verschieben des Segels ebenfalls dem Brettdruckpunkt anpassen.

Übungen zum Druckpunktorientierten Windsurfen

Probiere doch einfach einmal aus, wie schwierig und kraftraubend ein übertrieben falsches Windsurfen sein kann. Stell dich während der langsamen

Druckpunktampel 1.

Druckpunktampel 2.

Vor dem Druckpunkt.

Hinter dem Druckpunkt.

Fahrt in eine falsche Position auf deinem Brett; zuerst viel zu weit hinten mit den Füßen, sprich hinter den Segel- und Brettdruckpunkt, und anschließend vor die beiden Druckpunkte.

Du wirst merken, dass das Material unter diesen Bedingungen sehr schwer zu kontrollieren ist. Du musst zum Ausgleich viel Kraft einsetzen. Stehst du extrem falsch, merkst du das natürlich. Stehst du aber nur ein wenig zu weit vorne oder hinten, so merkst du das häufig nicht. Auch hier musst du mit Kraft ausgleichen. Du benötigst zwar nicht so viel Kraft, jedoch mehr, als wenn du genau in der richtigen Position stehst. Dein Spaß auf dem Wasser ist aufgrund der früheren Ermüdung schneller zu Ende.

Versuche immer wieder, beim entspannten Gleiten in deinen Körper hineinzuhören. Gleitest du gerade wirklich entspannt, oder musst du permanent mit Kraft ausgleichen?!

Eine weitere gute Übung zum Erfühlen des Boarddruckpunktes ist das Fahren mit geschlossenen Beinen und in extrem breitem Stand.

Im breiten Stand fühlst du nicht wirklich viel von der Position des Boarddruckpunktes. Gerade bei kleinen Brettern bringst du mit einer zu breiten Standposition zu viel Unruhe durch Gewichtsverschiebungen von einem auf das andere Bein auf dein Brett. Eine Feinabstimmung ist auf diese Weise sehr schwer. Stehst du mit den Füßen nah beieinander, erfühlst du den Boarddruckpunkt viel schneller.

Im Gleiten solltest du hüft- bis maximal schulterbreit stehen.

Zum Erfühlen deines Segeldruckpunktes greife die Gabel zuerst breiter als normal. Hierbei fühlst du keine exakte Position des Druckpunktes. Arbeite dich nun langsam mit den Händen aufeinander zu. An dem Punkt, an dem du das Segel mit aneinander liegenden Händen halten kannst, ohne dass es

Schmaler Stand.

Breiter Stand.

Breiter Griff.

Schmaler Griff.

auf der einen oder anderen Seite zieht, liegt dein Druckpunkt im Segel. Kontrolliere bei dieser Gelegenheit gleich die korrekte Einstellung deiner Trapeztampen.
Genau rechts und links von deinen geschlossenen Händen sollten sie fixiert sein, sonst sind sie nicht um den Druckpunkt herum angebracht und bringen deinen Armen keine große Erleichterung. Bei der Geradeausfahrt im Gleiten sollten deine Hände im Abstand von einer Hand zu den Trapeztampen greifen. So fühlst du auch noch in der Gleitfahrt den Druckpunkt im Segel.

Tipp: Auch diese Übung kannst du bei wenig Wind mit einem großvolumigen Brett und kleinem Segel optimal üben.

Bewegung übers Brett

Bei allen Aufsteigermanövern musst du deine Fußposition ändern. Ob das den Fußwechsel bei den Halsenvarianten, das um den Mast Laufen bei den Wendemanövern oder das Drehen des Brettes bei Sprungmanövern betrifft.

Bewegungsbeschreibung

Wichtig bei allen Manövern ist, dass die Füße leicht und exakt gesetzt werden und das Gewicht immer richtig verteilt ist. Belastest du auch nur eine Sekunde den falschen Fuß oder die falsche Stelle während eines Gleitmanövers, dann reagiert dein Brett in die falsche Richtung und alles kann vorbei sein. Außerdem ist es wichtig, dass du nicht auf deine Füße schaust, während du die Füße auf dem Brett versetzt, sondern nach vorne in Fahrtrichtung (siehe Baustein Kopfsteuerung).

Übungen zur Bewegung übers Brett

Die einzelnen Schrittvarianten der unterschiedlichen Manöver kannst du sehr sinnvoll auf einem Simulator an Land üben. Hier hast du den Vorteil, dass das Brett nicht wackelt und du nicht ins Wasser fällst. Du kannst Schrittkombinationen ohne lästige Wartezeiten durch Reinfallen und Neustarten effektiv und zügig hintereinander üben.
Auf dem Wasser gibt es viele unterschiedliche Übungen, um dich an die Bewegung über das Brett zu gewöhnen und es in jeder Situation zu beherrschen.
Auf Halbwindkurs kannst du Schritt für Schritt langsam auf dem Brett Richtung Heck laufen. Übe Druck auf den Mastfuß aus, damit dein Heck nicht untergeht. Als Nächstes laufe auf dem Brett nach vorne Richtung Bug. Diese Übung kannst du in normaler Fußposition ausführen, du kannst aber auch probieren, die Füße parallel auf dem Brett zu setzen (Zehenspitzen zeigen beide Richtung Bug) und dich dann auf dem Brett zu bewegen.

Eine sehr gute Übung ist auch das Umsteigen oder Umspringen in die Switchposition. Stabilisiere dich nur kurz in Switch und steige oder springe dann wieder zurück (siehe hierzu Baustein Switch fahren).
Tipp: Auch diese Übung kannst du bei wenig Wind mit einem großvolumigen Brett und kleinem Segel optimal üben.

Aktive Gewichtsverlagerung

Beim Windsurfen wird es mit zunehmender Könnensstufe immer wichtiger, dass du dich so wenig wie möglich auf dem Brett bewegst. Jeder Schritt auf einem kleinen Board bringt Unruhe in das ganze System und birgt die Gefahr des Balanceverlustes.

Bewegungsbeschreibung
Gewichtsverlagerung erreichst du einfach durch Beugen eines Knies. Immer das gebeugte Knie trägt das Gewicht.

Übungen zur Gewichtsverlagerung
Verlagere auf Halbwindkurs bewusst dein Gewicht vom vorderen Bein auf dein hinteres Bein und zurück. Erreicht wird dies durch das abwechselnde Beugen und Strecken jeweils eines Beines. Zur Verdeutlichung, dass das Gewicht immer auf das gebeugte Bein verlagert ist, versuche einfach einmal das gestreckte Bein leicht anzuheben. Das ist ganz leicht im Vergleich zu dem Versuch, das gebeugte Bein anzuheben – unmöglich. Taste dich langsam heran, indem du ein Bein erst ein wenig, und später immer stärker beugst. Wenn du in deinen Körper hineinfühlst, wirst du merken, dass, je mehr du das eine Bein anwinkelst, es immer leichter wird das gestreckte Bein anzuheben.

Aktive Gewichtsverlagerung.

Kopfsteuerung

Die Kopfsteuerung ist ein sehr wichtiger, aber leider von vielen Windsurfern vernachlässigter Manöverbaustein, der oftmals über das Gelingen eines Manövers entscheidet. Du kannst diesen Baustein nicht separat trainieren, jedoch solltest du dir über die Auswirkungen bewusst sein. Fakt ist, dass der Körper dem Kopf folgt. Drehst du deinen Kopf, so dreht sich automatisch dein Körper (die Schultern, die Hüfte) in die vom Kopf vorgegebene Richtung mit. Deine Muskeln spannen sich in Bewegungsrichtung an. So solltest du beispielsweise bei der Powerhalse immer in die neue Fahrtrichtung, also in die Kurve schauen. Dein Körper wird damit automatisch in die Kurve gelehnt und unterstützt die Kurvenfahrt.
Viele andere Manöver funktionieren ebenfalls nicht ohne eine bewusste Kopfsteuerung. Bei der Einleitung des Frontloops musst du das Kinn auf die Brust ziehen und unter dem Segelarm durchschauen, du rotierst sonst falsch oder gar nicht. Bei der Air Jibe leitet der Kopf die 180°-Drehung des gesamten Körpers ein. Auch bei Manövern wie dem Donut und der Backwind Jibe geht ab einem bestimmten Punkt ohne Kopfsteuerung nichts mehr.

Übung zur Kopfsteuerung
Starte einen Versuch mit Freunden. Stell dich irgendwo im Alltag ein Stückchen hinter einen Bekannten. Er darf dich vorher nicht gesehen haben. Rufe dann seinen Namen. Beobachte seine Bewe-

gung beim Umdrehen. Er wird niemals den Kopf separat zu dir drehen, sondern immer den Körper der Kopfdrehung folgen lassen.

Fußwechsel

Der Fußwechsel ist eine Zweischritt-, bei einigen Manövern auch eine Dreischrittkombination. Eine einheitliche Bewegungsbeschreibung gibt es nicht, da der Fußwechsel bei Halsenvariationen ganz anders ist, als beispielsweise bei einer schnellen Wende oder einer Heli-Tack und noch anders bei einem gesprungenen Willy Skipper. Du musst den Fußwechsel in jedem Fall exakt ausführen, um keinen ungewollten Lenkimpuls zu erzeugen. Wichtig ist dabei, dass du die Boardlängsachse, also die Verbindungslinie zwischen deinem Heck und der Brettspitze, beachtest (siehe Bild Fußwechsel). Belastest du beim Umsetzen der Füße die falsche Kante auch nur minimal, fährst du einen S-Schlag und das Gleiten ist vorbei. Ferner ist es sehr wichtig, dass du dich ganz leicht auf dem Brett bewegst. Das Board darf gar nicht spüren, dass du die Füße umsetzt. Das Brett fängt sonst an zu holpern.

Fußwechsel.

Übungen zum Fußwechsel

Du kannst den Baustein als Erstes am Simulator üben. Hier hast du den Vorteil, dass du dich voll und ganz auf die Bewegung konzentrieren kannst. Keine Welle, keine Böe im Segel, kein anderer Surfer ... stören deine Konzentration. Du kannst den Fußwechsel in 30 Minuten problemlos 100-mal üben. Auf dem Wasser bräuchtest du wahrscheinlich zehnmal so viel Zeit, du hättest allerdings nie die gesamte Konzentration auf den Fußwechsel fixiert. Das Training am Simulator ist somit viel intensiver. Beginne mit einem langsamen exakten Fußwechsel und steigere die Bewegung stetig, bis sie flüssig und leicht ist.

Das leichtfüßige Bewegen auf dem Brett kannst du auch sehr gut bei weniger Wind mit einem größeren Brett auf dem Wasser üben. Laufe während der Fahrt einfach ein wenig auf deinem Brett hin und her. Kontrolliere die Laufruhe deines Brettes, es muss ganz ruhig auf Halbwindkurs weiter fahren und darf seine Fahrtrichtung nicht verändern.

Körperposition in Luv-/Lee-Ebene

Beim Speedfahren befindet sich dein Körper gewöhnlich über der Luvseite des Brettes stark nach außen gelehnt. Dein Körperdruckpunkt liegt über dem Wasser. Würde in dieser Situation jemand deinen Trapeztampen durchschneiden, würdest du einen Rückenklatscher nach Luv bei voller Geschwindigkeit machen. Bei sämtlichen gefahrenen, wie auch Sprungmanövern, die aus der vollen Gleitfahrt gefahren werden, gilt es zur Manövereinleitung zunächst die Körperposition mindestens über das Brett, bei den Halsenmanövern sogar über die Leekante zu bringen.

Dein Körperdruckpunkt ist somit über dem Board, du stehst kippstabil. Außerdem hast du hier kurze Wege, um direkte Impulse an dein Material zu geben.

Bewegungsbeschreibung

Die Verlagerung von Luv nach Lee ist eine weiche Bewegung. Die Kunst dabei ist, das Brett ruhig zu halten. Sei dazu während der Verlagerung bewe-

Carven nach Luv.

Carven nach Lee.

gungsbereit mit leicht gebeugten Knien. Wenn dieser Vorgang nicht stimmt, bekommt dein Brett häufig schon bei der Manövereinleitung eine Unruhe, die du im Verlauf des Manövers nur schwer unter Kontrolle bekommst. Es ist also Finger(Zehen ;-)) spitzengefühl gefragt.

Übungen zum Gewichtseinsatz

Fahre auf Halbwindkurs in den Schlaufen und im Gleiten. Nimm das Segel extrem dicht. Beuge ein wenig die Knie und lasse dich ganz langsam und dosiert vom Segel über das Board ziehen. Gib keinen Impuls mit den Füßen, dein Brett fährt ohne Holpern auf Halbwind weiter. Du bist die ganze Zeit bewegungsbereit in den Knien, keine Hoch-/Tief-Bewegung, das bringt Unruhe aufs Brett und du stehst nicht mehr so kippstabil. Jetzt verlagerst du dein Gewicht langsam wieder nach außen Richtung Luv. Lasse dein Knie auch hierbei gebeugt und kontrolliere, dass dein Brett ruhig weiterfährt. Diese Übung kannst du ein- sowie ausgehakt trainieren. Beginne, wenn du noch nicht so sicher bist, mit der ausgehakten Variante.

Segelkraft folgen

Bei allen stark nach Lee orientierten Manövern musst du zwangsläufig von der in Luv hängenden Position, die du beim Speedfahren praktizierst, deinen Körperschwerpunkt über dein Brett und weiter Richtung Lee bringen. Beim Frontloop rotierst du sogar komplett dem Segel hinterher.

Bewegungsbeschreibung

Damit diese Bewegung fließend und ohne Wackeln funktioniert, kannst du dir von deinem Segel helfen lassen, indem du dich vom Segel ziehen lässt. Ziehst du in Gleitfahrt das Segel mit dem hinteren Arm dicht, und gibst mit deinem vorderen Arm nach, strecke diesen einfach, so zieht dich das Segel automatisch in Richtung Lee.

Übungen zu Segelkraft folgen

Du musst für diese Übung nicht zwangsläufig im Gleiten und in den Fußschlaufen sein. Du benötigst

Segelkraft folgen.

nur einen spürbaren Segelzug. Auf Halbwindkurs greife mit deiner Segelhand breit nach hinten. Hole dein Segel extrem dicht und strecke den vorderen Arm. Dem hierbei entstehenden Segelzug folgst du mit deinem Körper. Um nicht von dem starken Druck des Segels nach vorne gerissen zu werden, beuge deine Knie. Dein Körperschwerpunkt liegt somit sehr tief und du stehst sicher auf dem Brett. Bist du mit deinem Körperschwerpunkt über dem Brett angekommen, lehne dich langsam wieder zurück Richtung Luv. Auch diese Übung solltest du so häufig wiederholen, bis du ein sicheres Gefühl für den Segelzug entwickelt hast und jederzeit »Herr der Lage« bist.

Fußsteuerung

Sobald dein Brett im Gleiten ist und du in den Fußschlaufen stehst, kannst du die Fahrtrichtung über die Fußsteuerung variieren. In der Verdrängerfahrt hingegen gibst du Steuerimpulse in erster Linie über die Segelsteuerung an dein Brett weiter.

Fußsteuerung.

Bewegungsbeschreibung

Ist hier identisch mit der Übung, da du die Übung sinnvoll nur in den Schlaufen durchführen kannst.

Übungen zur Fußsteuerung

Gehe in Gleitfahrt und in den Schlaufen stehend leicht in die Knie, um bewegungsbereit zu sein und um deinen Körperschwerpunkt etwas tiefer zu bringen. Verlagere dein Gewicht auf deine Zehenspitzen und hebe ganz leicht die Ferse an. Dein Spann drückt über die Fußschlaufe die Leekante deines Brettes ins Wasser – du fällst ab. Du ziehst deine Zehenspitzen nach oben und belastest die Ferse, dann drückst du die Luvkante des Brettes ins Wasser – du luvst an. Du kannst mit dieser Technik kleine Schlangenlinien fahren und dich an die Fahrt auf der Kante gewöhnen. Bedenke, du bist bis dato immer nur auf der breiten Unterwasserschifffläche deines Brettes geglitten. An die kontrollierte Kantenfahrt musst du dich erst gewöhnen. Fährst du nach ein wenig Training ganz entspannt auf der Kante, kannst du dich dann auch in der Kurvenfahrt z. B. einer Powerhalse auf den Fußwechsel und das Schiften konzentrieren.

Schothorn voraus fahren

Beim Fahren mit Schothorn voraus wird das Segel von der falschen Seite angeströmt. Da das Segel hierfür nicht konzipiert ist, entstehen ein starker Druck und eine Druckpunktwanderung. Bei vielen Aufsteigermanövern und Cool Moves benötigst du für einen kurzen Augenblick die Schothorn-voraus-Position.

Schothorn voraus.

Bewegungsbeschreibung

Beim Schothorn-voraus-Fahren wird das Segel »falschherum«, mit dem Schothorn zum Wind gehalten. Wie kommst du in die Schothorn-voraus-Position? Hierfür gibt es unzählige Möglichkeiten: Longboardhalse ohne Schiften, Beach-Wasserstart mit Schothorn voraus, Segel 180er ... Wichtig bei der Schothorn-voraus-Fahrt ist, dass du extrem breit greifst. Nur so hast du eine Chance gegen den starken Zug und die Druckpunktwanderung im Segel.

Übungen zum Schothorn-voraus-fahren

Versuche durch Segelsteuerung unterschiedliche Kurse zu fahren und zu erfühlen, auf welchem Kurs das Segel am einfachsten zu kontrollieren ist – richtig, auf Raumwindkurs. Auf Raumwindkurs kannst du dann auch wieder das Segel schiften. Die Bausteine »Schothorn voraus fahren« und »Schiften« kannst du perfekt gemeinsam trainieren. Versuche selbst Varianten zu kreieren.

Tipp: Auch diese Übung kannst du bei wenig Wind mit einem großvolumigen Brett und kleinem Segel optimal üben.

Schiften

Bei den klassischen Halsenvarianten und einigen Cool Moves benötigst du diesen Baustein. Er ist ein sehr wichtiger Baustein, der entscheidend zum Gelingen eines Manövers beiträgt. Die Schiftbewegung ist eine komplexe Bewegung, das macht sie so schwierig. Das Segel muss aktiv und mit dem richtigen Timing geschiftet werden. Mit dem einfachen Loslassen und Umgreifen allein ist es nicht getan, wenn du z. B. dynamisch durchgeglittene Halsenvariationen fahren möchtest. Ein weiteres Problem ist, dass im Moment des Schiftens das Segel für einen kurzen Augenblick frei rotiert. Du hast dann keinen Segeldruck mehr in der Hand, der dich stabilisiert.

Bewegungsbeschreibung

Diese erfolgt hier direkt bei den Übungen.

Übungen zum Schiften

Für die ersten Versuche hilft ein Simulator mit Simulatorrigg. Versuche dich auch beim Simulatortraining richtig am Wind zu orientieren, das Schiften erfolgt auf tiefem Raumwindkurs und prägt sich so gleich richtig für's Wasser ein. Sehr wichtig ist, dass du nicht auf deine Hände schaust. Dein Blick ist nach vorne in den Kurvenradius gerichtet. Obwohl du sämtliche Umweltfaktoren wie Wellen und böigen Wind ausgeschlossen hast, merkst du, dass der exakte Griffwechsel und das Vorbeiziehen des Segels gar nicht so einfach sind. Wer hierbei Probleme hat, wird auf dem Wasser, wo alle anderen Bewegungen zeitgleich ablaufen, der Wind im Segel zieht und die Wellen unterm Brett wackeln, sehr viele Schwierigkeiten haben. Trainierst du diesen Griffwechsel jedoch am Simulator im Garten, am Strand oder sonst wo, wirst du innerhalb kürzester Zeit den Griffwechsel perfekt beherrschen, ohne dabei Hunderte von Malen ins Wasser gefallen zu sein. Beherrschst du den Griffwechsel am Simulator, so kannst du die Schiftbewegung als Nächstes auf einem großen Board mit kleinem Segel üben.

Es ist wichtig, dass die Schiftbewegung auf Raumwindkurs trainiert wird, denn auf Raumwindkurs wird sie auch im »Ernstfall« (im Gleiten) ausge-

Schiften mit dem Simulator 1–4.

führt. Zum Erfühlen des Unterschiedes kannst du das Schiften zwischenzeitlich auf Halbwindkurs oder leichtem Amwindkurs probieren. Du spürst sofort, dass du viel mehr Druck im Segel hast und du die Schiftbewegung gar nicht mehr exakt ausführen kannst. Versuche das Segel leicht zu fassen (nicht verkrampft mit Kraft), umso mehr fühlst du den Segelzug und ob du die Bewegung rund und richtig ausführst. Hat alles geklappt – gut! Nun bei wenig Wind auf einem kleineren Board (ohne

Schiften mit dem Longboard 1–5.

Schwert) mit einem kleinen Segel die gleiche Bewegung üben. Hier wird das Gleichgewicht bei der Schiftbewegung trainiert. Nur das Segel schiftet. Du bleibst mit deinem Körperschwerpunkt über dem Brett. Wenn du diese Übung problemlos ausführst/automatisiert hast, brauchst du dir um das Schiften bei der Powerhalse keine Gedanken mehr zu machen. Du kannst den nächsten Baustein trainieren.

Switch fahren

Schiftest du das Segel bei geglittenen Halsenvarianten vor dem Fußwechsel, fährst du zwangsweise für einen Augenblick in Switch. Die Duck Jibe fährst du klassisch immer in Switch aus der Kurve heraus, bei der Air Jibe landest du sogar in Switch noch in den Schlaufen stehend. Du solltest das Switch-Fahren vor dem Erlernen dieser Manöver in der normalen Geradeausfahrt sicher beherrschen, da du ansonsten immer zum Ende des Manövers, wenn du es eigentlich schon geschafft hast, Probleme bekommst.

Switch fahren.

Bewegungsbeschreibung

Das Switch-Fahren ist eine verdrehte Standposition auf dem Brett. Deine Füße zeigen schräg nach vorn / Luv. Dein aus der normalen Standposition hinteres Bein ist hier das vordere und umgekehrt. Du bist stark in der Hüfte verdreht und solltest auf jeden Fall aus den Knien heraus arbeiten.

Übungen zum Switch-Fahren

Bei weniger Wind, wieder zuerst mit einem großvolumigen Brett und kleinem Segel, kannst du erst auf Halbwind- und später auf Raumwind- und Amwindkurs das Switch-Fahren trainieren. Du kannst per Zweischrittkombination oder per Umspringen in die Switchposition gelangen.

Zweierschritt: Setze deinen hinteren Fuß zu deinem vorderen Fuß, die Zehenspitzen zeigen leicht verdreht, schräg nach vorn / Luv. Den vorderen Fuß setzt du direkt im Anschluss zurück, ebenfalls mit den Zehenspitzen schräg nach vorn / Luv.

Umspringen: Springe kontrolliert vom Brett ab, nicht zu hoch. In der Luft drehst du die Hüfte nach vorne und wechselst die Füße. Nach dem Landen in Switch auf dem Brett, Füße kontrollieren.

Bei beiden Methoden ist es wichtig, dass du den Mastfuß zum Stabilisieren belastest und dass du das Segel vorher aufmachst, um den Segeldruck zu verringern. Du hast in der verdrehten Position des Switch-Fahrens nicht so viel Kraft. Wichtig ist, dass du deine Standposition immer wieder an der Mittellinie des Brettes orientierst, um nicht aus Versehen Lenkimpulse auszulösen.

Du kannst diesen Baustein auch bei etwas mehr Wind mit einem kleineren Brett üben. Beherrschst du das Switch-Fahren bei unterschiedlichen Bedingungen und auf unterschiedlichem Material, so ist der Baustein Switch fahren für die Cool Moves automatisiert und wird dir keine Probleme mehr bereiten.

Duck schiften (Segel 180er)

Das Gelingen, dein Segel wie bei einer Duck Jibe zu schiften, hängt im Wesentlichen von zwei Faktoren ab. Zum einen ist das Timing wichtig, zum anderen ist die Technik und der Anstellwinkel des Segels zum Wind von Bedeutung. Mit Kraft, wie man häufig denkt, hat dieser Baustein nichts zu tun.

Bewegungsbeschreibung

Beim so genannten Duck-Schiften ziehst du aus der normalen Fahrposition das Schothorn an deinem Kopf vorbei. Das Segel wird um 180 Grad gedreht und du bist im Anschluss in Schothorn-Voraus-Position.

Übungen zum Duck-Schiften

Übe zu Anfang bei wenig Wind auf einem großen Brett für bessere Kippstabilität mit einem kleinen Segel (kurze Gabel) für weniger Druck im Segel. Falle ab auf leichten Raumwindkurs. Dein Brett ist auch bei wenig Wind auf diesem Kurs am schnellsten. Der größte Teil des Drucks im Segel ist in Geschwindigkeit umgesetzt und das Segel fühlt sich leicht an. Beuge etwas deine Knie um deinen Körperschwerpunkt tief zu bringen und greife mit der Segelhand weit nach hinten an die Gabel. Führe den Mast Richtung Wasser in Lee und löse die vordere Hand (dein Segel kippt vorne am Mast weg) vom Gabelbaum. Der Wind trifft jetzt nur noch auf das Schothorn, das Segel hat keinen Zug mehr. Greife mit der alten Masthand über Kreuz den Gabelbaum so weit es geht am Schothorn und löse anschließend die alte Segelhand von dem Gabelbaum. Führe nun das Schothorn an deinem Kopf vorbei. Hierbei ist es wichtig, dass du mit dem Kopf oder

Duck schiften 1–4.

dem Oberkörper nicht dem Schothorn ausweichst, dann verlierst du nämlich das Gleichgewicht. Das Segel wird am Kopf vorbei geführt, dein Körperschwerpunkt bleibt die gesamte Zeit über dem Brett. Anschließend ziehst du das Schothorn ruckartig Richtung Wind und greifst auf der neuen Seite den Gabelbaum vor dem Segeldruckpunkt. Immer noch wird nur das Schothorn vom Wind getroffen. Steht das Segel auch nur ein paar Grad falsch zum Wind, kippt der Mast durch den entstehenden Druck im Segel in eine Richtung und das Segel ist nicht mehr zu halten – Klappe die Zweite! Ist das Segel hingegen richtig zum Wind angestellt, kippt es durch das ruckartige Ziehen des Schothorns in Richtung Wind wie von Geisterhand in eine aufrechte Position. Greife nun mit der Hand, die den Impuls am Schothorn gegeben hat, die Gabel weit hinten am Schothorn. Du fährst Schothorn voraus und hast die Schiftbewegung somit beendet, eigentlich ganz einfach, oder?!

Für die Fortgeschrittenen unter euch kann diese Übung erweitert werden, indem das Segel nicht in Schothorn-voraus-Position gehalten, sondern durchrotiert wird. Aus dem Segel 180er wird ein 360er. Du hängst an das Duck-Schiften eine klassische Schiftbewegung wie bei einer Halse an und kombinierst somit zwei Bausteine. In dem Moment, in dem du die Gabel auf der neuen Seite vor dem Druckpunkt greifst, wird die impulsgebende Hand nicht an den Gabelbaum nachgezogen. Du lässt das Segel einfach mit dem Schothorn nach vorne hin umklappen. Vergiss in diesem Moment nicht, mit der Hand in Mastnähe das Segel zu dir heranzuziehen, sonst schlägt das Unterliek ins Wasser (siehe Baustein Schiften). Am einfachsten funktioniert der Segel 360er auf Raumwindkurs.

In Lee fahren und Steuern in Lee

Das sichere Leefahren und das damit verbundene Steuern in der Leeposition ist eine völlig neue Bewegung und ein komplett anderes Fahrgefühl als beim normalen Surfen. Surfer, die auf einem hohen Level surfen (Powerhalse, Duck Jibe und Frontloop beherrschen), jedoch noch nie in ihrem Surferleben in Lee gefahren sind, werden selbst bei drei Windstärken mit einem Schwertbrett und kleinem Segel bei den ersten Versuchen große Probleme bekommen. Die Muskeln haben ein derartiges Gefühl beim Windsurfen noch nie erlebt. Wer sich jedoch bei den ersten Versuchen auf dem Wasser durchbeißt, der wird bei diesem Baustein mit schnellen Lernfortschritten belohnt. Auch für die normale Fahrt bringt das Beherrschen des Leefahrens einen riesigen Zugewinn an Segelkontrolle. Die Leefahrt in Zusammenhang mit einem Gleitmanöver zu erlernen, z. B. bei einem 360er, kommt in Bezug auf den Wasserkontakt einem Tauchschein gleich. Beim Training der Leefahrt geht kein Weg an einem großen Brett vorbei. Erst wer hier die Leefahrt und vor allem das Steuern in Lee sicher beherrscht, hat eine gute Erfolgschance bei Manövern wie dem 360er, dem Donut oder der Backwind Jibe.

Bewegungsbeschreibung

Das Segel steht bei der Fahrt in Lee, zwischen Wind und Surfer. Du musst nicht mehr am Segel ziehen, sondern das Segel gegen den Wind drücken. Es fällt in dieser Position bedeutend schwerer, das Gewicht aktiv einzusetzen. Deine Masthand hat dabei deutlich mehr starre Haltearbeit und deine Segelhand mehr Dosierungsarbeit zu leisten, als du diese aus der normalen Geradeausfahrt gewöhnt bist.

Übungen zum Fahren in Lee und Steuern in Lee

Das erste Problem besteht darin, überhaupt in die Leeposition zu kommen. Hier gibt es vielfältige Möglichkeiten. Die gängigsten sind hier kurz erklärt:

Fahre auf Halbwindkurs. Setze den vorderen Fuß vor den Mast. Löse die Segelhand von der Gabel und greife mit dieser unterhalb des Gabelbaums an den Mast, strecke dabei beide Arme. Setze deinen hinteren Fuß ebenfalls zum Mast und in dem Moment, in dem du den hinteren Fuß vor dem Mast absetzt, geht der alte vordere Fuß um den Mast auf die Leeseite des Brettes. Gleichzeitig löse die alte Masthand von dem Gabelbaum und ziehe das Segel aktiv an dir vorbei, mit dem Mast in Richtung Bug. Strecke dabei deinen Arm am Mast, damit das Segel nicht zu aufrecht steht und somit zu viel Druck entwickelt. Erst jetzt lege deine neue hintere Hand auf die Gabel auf (breit greifen). Strecke den Segelarm dosiert. Du nimmst das Segel damit dicht und fährst in Lee.

Setze deinen vorderen Fuß auf Halbwindkurs vor den Mast, dein Gewicht ist auf dem hinteren Bein. Luve durch aktive Segelsteuerung an. Luve so lange an, bis deine Brettspitze in den Wind zeigt. Dein Gewicht verlagerst du hierbei allmählich auf beide Beine. In dem Moment, in dem die Brettspitze in den Wind zeigt, schiebst du das Segel an deinem Körper vorbei Richtung Wind (Mast Richtung Wind). Es darf hierbei kein Druck im Segel entstehen, der Wind trifft nur auf den Mast. Führe das Segel eng am Körper vorbei, der hintere Arm ist stark angewinkelt. Ist das Segel an deinem Körper vorbei und dein vorderer Arm in einer Streckung, dann strecke ganz dosiert deinen Segelarm. Dein Segel bekommt nun den Druck von der leewärtigen Seite. Dadurch, dass du das Segel am Körper vorbeigeführt hast und der vordere Arm gestreckt ist, fällst du in Lee stehend ab. Bist du bis auf Halbwindkurs in Lee abgefallen, verschiebe das Segel in der Segelebene ein wenig Richtung Heck. Wichtig hierbei ist, dass der vordere Arm gestreckt bleibt.

Bist du in der Leeposition angekommen, musst du im Vergleich zur normalen Fahrposition umdenken und einige Regeln beachten. Erste goldene Regel: Dein Mastarm ist immer gestreckt. Er neigt das Segel Richtung Luv zum Wasser. Dadurch, dass das Segel nicht mehr aufrecht steht, entfaltet es nur einen Teil seiner Zugkraft. Selbst bei 2–3 Beaufort ist ein aufrechtes Segel (Mastarm angezogen) in der Backposition nicht mehr zu bändigen. Die Masthand greift den Gabelbaum fest, die Segelhand hingegen ist nur leicht auf den Gabelbaum aufgelegt. Du hast hierdurch viel mehr Segelgefühl. Streckst du den Segelarm, machst du das Segel dicht. Ziehst

Steuern in Lee, anluven.

Steuern in Lee, abfallen.

du den Segelarm an, lässt du Druck aus dem Segel, genau entgegengesetzt der normalen Fahrposition. Versuche schulterbreit auf deinem Board zu stehen. Du kannst über Gewichtsverlagerung die Segelsteuerung unterstützen. Verlagere dein Gewicht auf das hintere Bein. Dein Segel wird so in der Segelebene automatisch mit nach hinten, Richtung Heck geschoben, du luvst an. Verlagere dein Gewicht auf das vordere Bein. Dein Segel neigt sich automatisch in der Segelebene nach vorne, du fällst ab. Blicke in Fahrtrichtung. Nur so behältst du am Anfang die Orientierung.

Schothorn durch den Wind drücken

Diesen Baustein benötigst du für einige wenige Cool Moves, aber auch für viele weiterführende Freestyle-Manöver. Es ist eine ganz kleine Bewegung mit sehr großer Wirkung.

Bewegungsbeschreibung

Die Bewegungsbeschreibung ist hier identisch mit der Übung, da du die Bewegung nur in einem Schwung üben kannst.

Übungen zum Schothorn-durch-den-Wind-Drücken

Willst du von tiefem Raumwindkurs in Lee stehend über den Vorwindkurs auf den neuen Raumwindkurs fahren, dann musst du irgendwann die Segelstellung so ändern, dass das Segel nicht mehr von der Leeseite, sondern wieder normal angeströmt wird.

Die Bewegung, das Schothorn durch den Wind zu drücken, ist einfacher in der Verdrängerfahrt zu üben. Du kannst dir hier mehr Zeit lassen und besser die richtige Bewegung erfühlen.

Falle in Leeposition per Segelsteuerung ab. Öffne dein Segel maximal durch Anziehen der hinteren Hand, je näher du dem Vorwindkurs kommst. Auf Vorwindkurs leitet der Kopf die Bewegung ein. Drehe deinen Kopf impulsiv ganz weit über die vordere Schulter. Dein Körper dreht automatisch mit, Körper folgt Kopf (siehe hierzu Baustein: Kopfsteuerung). Strecke zusätzlich den hinteren Arm durch und ziehe den vorderen Arm an, um dein Segel aufzumachen. Dein Gewicht ist auf dem hinteren Bein.

Bausteinkasten – Besonderheiten gesprungene Manöver

Körperspannung

Die Körperspannung ist ein elementarer Baustein des Windsurfens. Er sollte von der ersten Stunde des Grundkurses an geübt, spätestens aber beim Trapezfahren verinnerlicht werden. Die Körperspannung entscheidet u.a. darüber, ob du entspannt und ohne Kraft im Trapez fährst, ob du früh angleitest und Windlöcher durchgleitest und sie entscheidet darüber, ob du bei Sprungmanövern ruhig und kontrolliert in der Luft schwebst.

Bewegungsbeschreibung

In Bild »Klimmzug gehockt mit Brett« zeigt dir Dirk die perfekte Körperspannung im Sprung. Die Knie sollten angezogen sein. Der hintere Fuß ist stärker angezogen als der vordere, deine Ferse ist unter dein Gesäß gezogen. Deine Arme sind angewinkelt, da du dich per Klimmzug an dem Gabelbaum hochziehst. Dein Rücken ist so gerade wie möglich. Dein ganzer Körper ist angespannt.

Klimmzug gehockt mit Brett.

Übung zur Körperspannung

Du kannst als Vorübung an einem Reck die gleiche Bewegung durchführen wie beim Baustein Klimmzug mit dem kleinen Zusatz, dass du dir ein Kiteboard an die Füße schnallen solltest. Machst du so einen Klimmzug und ziehst deine Beine mit dem Brett an den Füßen an, hast du automatisch deinen gesamten Körper ebenso wie beim Sprung angespannt.

Aktiver Absprung

Wie bei anderen Sportarten (Snowboardfahren, Skateboardfahren etc.) wird auch beim Windsurfen zu einem großen Teil aus den Beinen abgesprungen. Zusätzlich hast du natürlich beim Windsurfen noch das Segel in den Händen. Das solltest du ausnutzen, um noch »höher, schneller und weiter« zu fliegen.

Bewegungsbeschreibung

Der Bewegungsablauf ist beim Springen der Gleiche wie bei einem gewöhnlichen Schlusssprung an Land. Du gehst stark in die Knie und schnellst dann explosionsartig nach oben. Der Körper kommt in eine Streckung und hebt vom Boden ab. In dem Moment, in dem deine Füße den Boden verlassen, werden die Knie wieder angezogen. So bekommen deine Füße mehr Höhe. Auf das Surfbrett übertragen wird durch das Anziehen der Knie die Finne frei und der Wind kann unter das Board greifen.

Übung zum aktiven Absprung

Den aktiven Absprung kannst du z. B. an einer Bank oder flachen Mauer üben.

Aktiver Absprung 1 und 2.

Aktive Landung

Die Landung ist ebenfalls wie bei einem Schlusssprung. Abfedern ist an Land extrem wichtig um die Gelenke und den Rücken (Bandscheiben) zu schonen. Auch auf dem Wasser ist das Abfedern für die Gesundheit von Vorteil. Zusätzlich ist das Abfedern unerlässlich, um den lästigen Spin out beim Landen zu vermeiden.

Bewegungsbeschreibung

Deine Beine sind vor der Landung fast durchgestreckt, so gehst du sicher, dass du zuerst mit dem Heck aufsetzt. In dem Moment, in dem dein Heck aufsetzt, federst du die Landung durch das Beugen

Aktive Landung.

deiner Beine ab. Nicht vergessen, anschließend langsam wieder hochzukommen.

Übung zur aktiven Landung

Die Bank, auf die du beim Trainieren des aktiven Absprungs gesprungen bist, eignet sich hervorragend für das Training der Landung. Spring einfach wieder von der Bank und versuche butterweich die Landung in den Knien abzufedern. Ein weicher Untergrund (Sand, Rasen) ist trotz Abfederns empfehlenswert.

Klimmzug

Im Gegensatz zu dem normalen Schlusssprung an Land (beschrieben beim aktiven Absprung), hast du beim Windsurfen das Segel in den Händen. Um auf dem Wasser die Portion extra Höhe zu bekommen, nutze den Gabelbaum für den Klimmzug.

Bewegungsbeschreibung

In dem Moment, in dem deine Beine aus der Streckung beim aktiven Absprung angezogen werden, machst du einen kraftvollen Klimmzug an dem Gabelbaum. Du beugst also zeitgleich deine Arme und deine Beine.

Übungen zum Klimmzug

Klimmzüge an Land sind eine gute Vorübung. Um dich dem Bewegungsablauf des Springens weiter

Klimmzug lange Beine.

Klimmzug gehockt.

anzunähern, ziehe beim Klimmzug gleichzeitig die Knie an. Ist dein Kinn über der Stange, bist du so klein wie möglich. Während du die Arme wieder streckst, kommt auch dein Körper langsam wieder in eine Streckung. Schummeln ist hier erlaubt, du darfst dich also mit den Füßen zum nächsten Klimmzug etwas vom Boden abstoßen, da es primär um die Gesamtbewegung geht.
Um die Bewegung noch kompletter zu simulieren, kannst du ein Kiteboard nutzen. Das ist nicht so schwer wie ein Surfbrett. Simuliere nun den gleichen Bewegungsablauf an der Reckstange mit dem Board an den Füßen. Versuche, dass die Spitze des Boards höher als das Heck in der Luft hängt.

Fußsteuerung in der Luft

Um ein Board, egal ob Skate-, Wake, Snow-, Kite- oder Windsurfboard in der Fahrt um 180° zu drehen, musst du bei allen Sportarten eine Art »Beinschere« machen. Beim Windsurfen kommt erschwerend hinzu, dass diese 180°-Drehung auf der Stelle nur in der Luft gelingen kann. Der Bewegungsablauf bleibt allerdings identisch.

Bewegungsbeschreibung

Der vordere Fuß ist das Standbein, über das die Drehung stattfindet. Dazu braucht das vordere Bein viel Gewichtsbelastung und eine hohe Muskelspan-

Klimmzug gehockt mit Brett.

nung. Der hintere Fuß wird aktiv unter den Körper, sozusagen um das Standbein herum gezogen. Daraus entsteht eine Rotation um den vorderen Fuß herum.

Übung zur Fußsteuerung in der Luft

In unserem Bild haben wir das Prozedere anhand einer Übung an einer Reckstange verdeutlicht. Wichtig bei dieser Übung ist nur, dass du vorher festlegst, welches dein Standbein und welches das aktive Bein sein soll. Kleiner Tipp am Rande: Wenn du schön beweglich in der Beckenregion bist, wird dir dieser Baustein sehr leicht fallen.

Fußsteuerung in der Luft.

The making of

Gelandet in Hurghada waren wir sehr froh, dass bei der Hitze, der Enge und der Hektik das »surf Magazin« den beiden Mädels in unserem Team den Großteil des Surfmaterials mitgegeben hatte. Wobei, wir sollten ja als Vierergespann zehn Tage in Safaga gut zusammenarbeiten und alle Fotos für die kommenden Hefte und dieses Buch abfotografieren. Das Vierergespann bestand übrigens aus Claudia Vogt (Fahrerin), Heike Dusswald (Fotografin), Frank Ritter (Fahrer und Mitautor) und Dirk Muschenich (Fahrer und Autor). Wir gingen also doch lieber zurück, um den beiden Damen mit dem schweren Zeug zu helfen. Da kam auch schon Claudia mit zwei prall gefüllten Boardbags an. Ganz gentlemanlike nahmen wir ihr die Bags ab. Was für ein Fauxpas. Wie hatte sie die beiden Bags nur bis hierher bekommen? Meine Herren, waren die schwer! Alles was mit Kraft zu tun hatte, das stand von nun ab fest, war Aufgabe von Claudia.

Angekommen im Hotel Interconti Abu Soma, das uns von der Surf & Action Company, dem Partner des surf Magazins, zur Verfügung gestellt wurde, erschlug uns der erste Eindruck. Ich wollte direkt auf die Knie fallen und anfangen zu beten und meine Sünden beichten. Die anderen klärten mich auf, dass wir nicht in einer Kirche, sondern in der Rezeptionshalle des neuen Fünf-Sterne-Hotels Abu Soma wären.

Wir beschlossen aufgrund der fortgeschrittenen Zeit gleich zum Abendessen zu gehen. Dort stellten wir fest, dass alles in diesem Hotel riesig groß ist, zu unserer Zeit war es leider ebenso leer. 23 Gäste zählten wir inkl. uns, auch wenn Dirk aufgrund seiner Sehschwäche die drei Gäste hinten in der Ecke nicht erkennen konnte. 30 Mann zählte das Personal im Essensbereich, Kellner, eine Empfangsdame und Köche, das nenn ich mal exklusive Betreuung. Durch die Anwesenheit unserer beiden blonden Schönheiten hatten wir um unseren Tisch herum die meisten ägyptischen Kellner, klar. Frei nach dem Motto: Wer hat, der hat!

Der erste Morgen am Strand bescherte uns Bombenwetter, nur Wind war keiner da. Ist ja auch klar. Wir waren ja zum Filmen von Windsurfmanövern hier. Da hat man immer zu wenig Wind und muss sehen, dass man alles, was bei viel Wind gefahren wird, schnell abfotografiert bekommt. In diesem Punkt waren wir uns alle sofort einig und jeder hatte die eine und andere Geschichte parat. Für alles andere hat man dann viel Zeit. So beschlossen wir, es am ersten Tag in der Sonne ruhig angehen zu lassen. Nach ca. drei Stunden Longboardsession und Abfotografieren der Bausteine gab Heike das Kommando: »Für heute reicht's, sonst haben wir morgen alle einen Sonnenstich.« Die Arme hatte ja im Gegensatz zu uns auch keine Abkühlung auf dem Steg, von dem aus sie fotografierte. Trotzdem war sie ebenso nass, als wäre sie mit uns im Wasser gewesen, komisch, komisch.

Peter, der Stationsinhaber des Surf Motion Centers, in dessen perfektem Center wir untergekommen waren, beruhigte uns ebenfalls. Für die nächsten drei Tage seien 3–4 Beaufort angesagt. Durch die Wärme und die damit verbundene thermische Verstärkung über Mittag sollte es zum Gleiten reichen. Beim Aufwachen am nächsten Morgen pfiff die Emma des kleinen Lokomotivführers Lukas aus den letzten Löchern. Halt, auf welcher Insel war ich eigentlich gelandet? Ah, jetzt ja. O.k., ein Traum! Ich war in dem suiteähnlichen Zimmer in Safaga, neben mir schnorchelte Dirk, das hörte sich zwar auch wie eine Lokomotive an, aber was da eigentlich pfiff, war natürlich der Wind. Ein kurzer Freudenjauchzer, auch Dirk war nun wach und schon waren wir nach einem Frühstück to go am Strand. Die 3–4 Windstärken sahen mehr wie ausgewachsene 6–7 Beaufort aus. Wir packten die kleinen Waffen aus. Heike wurde nach Luv an die Sandbank mit dem Stationsboot gefahren und erklomm erstmalig ihren eigens für uns aufgestellten Turm am Rande der Sandbank. Der Wind wurde zunehmend stärker. Wir surften, bis unsere Arme nicht mehr mitmachten. Nein, richtiger bis die Arme von Dirk und mir nicht mehr mitspielten. Claudia blieb, nach Beendigung unserer Aufnahmen für diesen Tag, noch ein wenig draußen.

Nach diesem anstrengenden Tag konnten wir nun auch wie ein Mann dem exorbitanten Büffet den Krieg erklären. Im Anschluss spielten wir die Fotos auf die Rechner und sichteten, was wir heute geleistet hatten. Ernüchterung machte sich breit. Viele Manöver waren unbrauchbar. Falscher Winkel, zu weit weg, zu viel Spray in der Luft. So einfach wie Dirk und ich uns das mit dem Fotoplan vorgestellt hatten, war es dann doch nicht. Heike erfasste mit ihrem geschulten Auge die Probleme und gab uns wertvolle Tipps. Für Dirk und mich folgte eine kurze Nacht, Fotopläne umstellen.

Am nächsten Morgen wurden wir wieder von einem Pfeifen geweckt. Beim Hinausgehen aus unserem Hotelabschnitt flog mir die Tür aus den Händen. »O.k., wieder 3–4 Beaufort«, grinste ich zu Dirk. Frühstück to go und los.

Das was uns am Strand geboten wurde, war ein ausgewachsener Sandsturm. Obere 7, in Böen 8 Beaufort. Heike winkte ab. »Ich würde euch ja so auf dem Wasser kaum sehen, geschweige denn mit der Kamera«, war ihr Statement. Wir gingen uns ein wenig einsurfen, mit Waveboards und 4 qm Segeln. Da wir nur ein kleines Board und Segel dabei hatten, half uns die Station aus und die Jungs kamen natürlich gleich mit aufs Wasser. Ermahnende Worte von Dirk gab es direkt beim Starten: »Lasst euch Kraft übrig. Wenn der Sandsturm aufhört, wird fotografiert.« »Na klar, wir wollen nur ein wenig geradeaus fahren, ganz ohne Kraft«, beruhigte ich ihn. Fünf Minuten später gaben wir es uns auf dem Wasser so richtig schmutzig, waren das geile Bedingungen! Am radikalsten, wie nicht anders zu erwarten, schoss Papa Dirk durch die Gegend. Der Sandsturm blieb den gesamten Tag lang. Gegen 17 Uhr lag ich regungslos und flach atmend auf meinem Bett. Zwei Meter neben mir auf Dirks Bett bot sich das gleiche Bild. Und jetzt klopfte es auch noch. »Ich kann nicht, geh du«, riefen wir uns beide zu, beleidigten uns ein wenig, wie schlapp doch der andere sei und dann kämpfte ich mich zur Tür. Hätte ich bloß das andere Bett genommen, das ist weiter von der Tür weg. »Kommt ihr mit in den Whirlpool?« Claudias Arme hingen ebenfalls bis zu den Knien. Fünf Sterne sind schon was Feines. Zum Entspannen nach so einem Windsurftag einen Whirlpool, das könnte ich mir immer gefallen lassen. Wir blieben eine Ewigkeit im Pool liegen und wäre da nicht dieser stechende Hunger gewesen, hätten uns die ägyptischen Bademeister wohl rausschmeißen müssen.

Beim Aufwachen am nächsten Morgen tat alles weh, vom kleinen Zeh bis zu den Ohrläppchen, und der Wind pfiff schon wieder um das Haus. »Wenigstens kein Sandsturm mehr«, rief Dirk vom Balkon aus. Das Frühstück nahmen wir mittlerweile sitzend und nicht mehr to go ein, es waren ja für den ganzen Tag 3–4 Beaufort angesagt;-)

Wir fuhren die Manöver, die am vorgestrigen Tage nicht durch unsere Qualitätskontrolle gekommen waren, nach den neuen Fotoplänen erneut. Heike thronte auf ihrem Türmchen und hatte Rucksack, Fototasche und Hut festgebunden. Nur sie selbst stand unangeleint schräg im Wind, was uns ein wenig Angst machte. Was für eine Erlösung, als endlich auch der letzte Speicherchip der Digitalkamera voll war. »Gleich treffen im Whirlpool?«, fragte Heike. Selbst Claudia kam direkt mit.

Die nächsten zwei Tage verliefen gleich. Ansage 3–4, eingetroffen 7. Am dritten Tag gab es wieder Sandsturm, diesmal mit Böen bis 9 Beaufort, unfassbar.

Am Tag nach dem Sandsturm, es hatte schon wieder satte 7 Windstärken an der Windmessanlage der Station, trafen wir uns nach dem Frühstück bei Heike auf dem Zimmer. »Wir brauchen einen Plan B«, begann ich. »Wir haben alle Starkwindmanöver durch und das in guter Qualität. Die Basismanöver mit Schwertbrett sind bei den Bedingungen unfahrbar. Uns fehlen zudem die Aufsteigermanöver, wie

Carven, Powerhalse etc., die wir auf den in unseren Schulungsseminaren verwendeten Boards fahren wollen. Wir müssen die Bretter fahren, die auch die Schüler zum Erlernen dieser Manöver benutzen, sonst werden wir unglaubwürdig. Bei 7 Beaufort aufwärts mit 135 Liter Brettvolumen eine Powerhalse fahren, ohne dass man vor Spray nichts mehr von den Füßen (und die sind ja nun mal sehr wichtig) auf den Fotos sieht, ist mehr oder weniger ein Ausprobieren. Auch eine kontrollierte Duck Tack direkt auf den Punkt am Turm im richtigen Winkel schulbuchmäßig zu fahren, ist absolute Glücksache. Den Frontloop haben wir auch noch offen, das wird ein Spaß!« Heike gab uns das O.k. Wir probierten einfach aus und sie hielt mit der Kamera drauf. Das ist nicht einfach für eine Fotografin, wenn sie hundert Mal das Gleiche abfotografiert und am Ende doch feststellt, das war nichts.

»Noch ein Chipwechsel, dann ist alles voll«, brüllte Heike vom Turm. In dem Moment, in dem sie sich auf dem Turm umdrehte, muss sie irgendwie mit dem Fuß an den festgetauten Rucksack gestoßen sein. Dirk und ich standen direkt neben dem Turm auf der knietiefen Sandbank, als einige Gegenstände an uns vorbeigeflogen kamen. Im gleichen Augenblick hörten wir es auch schon oben vom Turm schreien. Aus der vordersten Tasche waren Heikes Handy, das große Objektiv und ein paar Kleinteile herausgeweht. Dirk und ich gingen auf Tauchstation um zu retten, was noch zu retten war. Ich barg das Handy und siehe da, es funktionierte. Dirk hatte nicht ganz so viel Glück, das Objektiv war hin. »Super gelaufen«, wetterte Heike. »Da müsst ihr jetzt halt einfach noch etwas näher an den Turm ran. Das ist doch bei den Top-Bedingungen und Leichtwind kein Problem, oder!? Mir reicht's auf jeden Fall für heute. Hol mal wer das Boot und bis gleich im Whirlpool.« Langsam hatten wir das Gefühl, dass jemand etwas gegen unsere Fahrtechnik hatte. Dabei war beim Planen alles so einfach gewesen.

Der Wind blieb konstant stark und wir tasteten uns nach und nach an die restlichen Manöver heran. Jeden Tag fotografierte Heike alle Speicherchips voll, am Abend wurde dann gesichtet und am nächsten Tag begann das Spiel von neuem. Der Bademeister am Whirlpool konnte mittlerweile die Uhr nach uns stellen.

Wir begannen mit dem Frontloop, Dirks Part. Ich stand bei Heike auf dem Turm. »Der Erste war toll, aber du warst voll in der Sonne. Weiter vorne abspringen und näher am Turm, wegen des kleinen Objektivs«, schrie ich Dirk zu. Der zweite war noch besser aber immer noch zu weit weg. Beim dritten passte der Absprung perfekt. Das Material machte einen tollen Loop. Dirk hingegen kam waagerecht in der Luft allein am Turm vorbeigeflogen und schlug hart ein. Als Erstes kamen seine Hände aus dem Wasser und gaben das Zeichen für ein Break. »6,0 in der B-Note«, brüllte ich. Nach den nächsten auf den Punkt gesprungenen Versuchen war dann die Duck Tack dran. Jeder von uns absolvierte bestimmt 50 Versuche. Immer wieder passte irgendetwas nicht, der Winkel, eine Wolke, ein anderer Surfer im Bild, ganz oft reingefallen, der Speicherchip gerade voll, es war die Hölle! Dann endlich hatte ich ein kleines Windloch vorm Turm erwischt, keine störende Welle, ins Bild lächeln und jetzt. Am Schreien von Claudia und Dirk wusste ich, das war's. Heike hatte im rechten Moment abgedrückt und ich hatte mir eine extra Portion Eis verdient.

Für die letzten beiden Tage waren nur noch die restlichen Longboardübungen und ein paar Übungsformen an Land auf dem Plan. Für die Übungsformen an Land hatten wir eigentlich den Kinderspielplatz des Hotels ins Visier genommen. Leider war der beim zweiten Sandsturm umgeweht und zum Teil verwüstet worden. Nach Rücksprache mit dem Hotelmanager wurde er repariert und wieder aufgebaut. »Das hätten wir nun also auch geschafft«, resümierte Heike. »Und jetzt?« Wir gingen auf die Suche nach Abdeckungen. »Eigentlich echt krank. Ich mein, wir sprechen ja hier von Windsurfen und jetzt suchen wir hier die Strände nach Windabdeckungen ab.« »Hast du 'ne bessere Idee«, fragte Dirk. Nein, hatte ich natürlich nicht. Wir fanden eine Einbuchtung, wo es den Anschein hatte, als hätte man hier etwas Abdeckung vom Hotel. Leider war der Wind schon wieder auf 8 Beaufort angestiegen, womit uns das nicht viel weiter brachte. Der Pool, direkt in einem rechten Winkel von zwei Hotelblöcken eingebaut, war die einzige Lösung.

Wir zogen also unsere Sonntagsshorts an, ich rasierte mich noch schnell und wir gingen zum Vorsprechen zum Hotelmanager. Das Resultat war, dass ich jetzt rasiert war und wir beide frische Höschen anhatten, mehr leider nicht. »Das Nein war eindeutig. Warten wir also auf morgen, unseren letzten Tag«, beschlossen wir einvernehmlich.
Beim Aufwachen sahen wir schon wieder den Sand fliegen. »Dann soll es wohl nicht sein«, schnaubte Dirk. Wir gingen packen, schraubten die Bretter auseinander, riggten die ganzen ungefahrenen großen Segel wieder ab und waren gedanklich schon im Flieger, als Claudi uns aus den Träumen riss. Der Windmesser zeigte nur noch 6 Beaufort an. »O.k. Einer von uns muss den Spot in der Abdeckung ausprobieren. Freiwillige vor.« Betretenes Pfeifen. Man musste um das ganze Riff herumfahren, um zu der Einbuchtung zu gelangen, und das Ganze natürlich wieder zurückkreuzen. Kein Vergnügen mit einem Schwertbrett, kaputten Händen (alle), einem steifen Nacken (Dirk), einer kaputten Schulter (Frank) und einem schon vor Fahrtechnikbeginn kaputten Rücken (Claudia). Wir knobelten es also mit Schnick-Schnack-Schnuck (ein Kinderspiel) aus. Ein gut gemeinter Tipp von mir. Falls ihr mal eines unserer Trainings-Events besucht und in die Verlegenheit kommt, mit Dirk Schnick-Schnack-Schnuck spielen zu müssen, tut euch einen Gefallen und verweigert. Seit über vier Jahren arbeiten wir nun schon zusammen und ich habe noch nicht einmal gewonnen. Ich ging also Longboardfahren. Wie nicht anders zu erwarten ging es in der Abdeckung gar nicht. Innerhalb von einer Sekunde wechselte der Wind hier permanent zwischen 0 und 6 Windstärken hin und her. Das normale Geradeaus fahren war schon ein Kunststück. Ich zeigte Dirk und Heike, die mit Kamera bewaffnet am Strand mitgelaufen waren, den Daumen nach unten und kreuzte zurück. Windsurfen kann schon Spaß machen ...
Beim Anlanden versperrte Dirk mir im Shorty den Weg. »Bleib gleich drin. Heike zieht sich gerade um. Wir versuchen es hier, ohne Abdeckung. Es hat ja nur noch 6 Beaufort.« Tolle Idee, dass wir es also mit anderen Worten hier versuchen. Ich ergab mich meinem Schicksal. Die Haltungsnoten waren alles andere als gut, aber wir schafften es, den Rest abzulichten.
Wir hatten fertig! Ein tolles Gefühl. Schnell ab unter die Dusche und dann zum Flughafen. Eine letzte Kraftanstrengung mit den Boardbags, die Dinger waren in den letzten 10 Tagen irgendwie schwerer geworden. Obwohl wir ja nun nicht mehr wie am Beginn der Teamarbeit entgegensahen, halfen Dirk und ich auch diesmal wieder mit dem Material. Mutters Erziehung hat also doch etwas genützt!
Fazit der Geschichte: Verlasse dich nie auf eine Windvorhersage. Der Wind kommt immer anders als man denkt!

Die Autoren

Dirk Muschenich

ist seit 1981 in der Surfszene zu Hause. Seine Erfahrung hat er in jahrzehntelangem Windsurf- und Wassersportunterricht, der Organisation von entsprechenden Veranstaltungen sowie in 17 Jahren Wettkampferfahrung im Windsurfen gesammelt. Dirk war Leistungstrainer im Windsurfen, und unter seiner Leitung gab es für seine Schützlinge bereits WM-Titel. Hauptberuflich betreibt Dirk die Trainings-Event-Agentur »TEAM waterworld«. Er ist Fahrtechnikexperte für das »surf Magazin« und seit vielen Jahren im VDWS als Ausbilder tätig. Neben verschiedenen unterrichtsbegleitenden Werken des VDWS, an denen Dirk aktiv mitgearbeitet hat, schrieb er bereits zu Beginn der 1990er-Jahre sein erstes Windsurfbuch als Mitautor.

Im Delius Klasing Verlag erschienen Mitte 2009 die DVD-Fahrtechnikserien »Powerlearning« für Windsurfer und Kitesurfer, die von ihm maßgeblich gestaltet und umgesetzt wurden.

Das TEAM waterworld

organisiert seit vielen Jahren im Auftrag des »surf Magazins« Fahrtechnik-Trainingswochen im Windsurfen. Das Baustein-Prinzip wurde für diese Trainingswochen entwickelt, mit den dort gesammelten Erfahrungen optimiert und inzwischen sehr erfolgreich praktiziert. Mehrere hundert Windsurfer lernen und trainieren nach dieser Trainingsmethode. Der Spaß und die Erfolgserlebnisse beim Windsurfen, die sie dabei haben, bestätigen den Erfolg unserer Methode.

Jetzt bist du dran!

Mitautor Frank Ritter

betrieb ebenfalls in seiner Jugend jahrelang Leistungssport, allerdings im und nicht auf dem Wasser. 1990 stieg er dann aus dem Schwimmbecken auf das Surfbrett. Seit Ende der 1990er-Jahre ist Frank Trainer des VDWS und seit 2003 Ausbilder beim VDWS. Frank war in den unterschiedlichsten Reisezielen als Surflehrer und Stationsleiter tätig. Während seines BWL-Studiums spezialisierte er sich auf die Durchführung von Intensivtrainingsseminaren im Windsurfbereich. Seit vier Jahren gehört Frank fest zum TEAM waterworld.

Gemeinsam haben Dirk und Frank das Baustein-Prinzip entwickelt, das bei zahlreichen Trainingsveranstaltungen verfeinert wurde und weiterhin wird.

Heike Dusswald

ist seit 1978 begeisterte Windsurferin. Die gelernte Fotografin bekam 1980 die Chance, Hobby und Beruf zu verbinden, und ist seit dieser Zeit als Fotografin und Bildredakteurin beim »surf Magazin« tätig. Unzählige Fahrtechnikserien und Revierberichte sind in den letzten 25 Jahren bildlich von ihr dokumentiert worden.

Danksagung

Wie immer bei solchen Werken, sind die Idee, die Umsetzung und die Fertigstellung eines Buches nicht möglich, wenn nicht viele Menschen eine gemeinsame Überzeugung verfolgen und helfen, diese in die Wirklichkeit umzusetzen. Allen voran möchte ich mich bei meinem Freund und Kollegen Frank Ritter bedanken. Er ist nicht müde geworden, immer wieder zu hinterfragen, zu diskutieren und hat eigenständig den gesamten Part der Manöverbausteine und ihrer Übungsformen zusammengestellt. Bedanken möchte ich mich natürlich bei den beiden »Mädels«: unserer Fotografin Heike Dusswald und der Fotofahrerin Claudia Vogt. Natürlich wäre die Umsetzung ohne die Koordination seitens der »surf Magazin«-Redaktion und der tatkräftigen Unterstützung unseres Reiseveranstalterpartners, der Surf & Action Company nicht möglich gewesen. Wirklich begeistert war ich vom Surf Motion Center von Peter Müller, der nicht nur eine tolle Station an einem Traumspot (Abu Soma) hat, sondern auch in den festgefahrensten Situationen immer einen lockeren Spruch parat hatte und damit seine Mitarbeiter und uns perfekt zusammengeschweißt hat. Da die deutsche Sprache inzwischen eine immer kompliziertere Sprache geworden ist, gilt auch ein besonderer Dank Dr. Hans H. Langer und seiner Tochter Wiebke, die dieses Buch mit Sprach- und Sachkenntnis Korrektur gelesen haben. Last but not least ein dickes Dankeschön an meine Freundin und das gesamte TEAM waterworld, die mich in den Phasen, in denen ich mich hinter meinem Computer verkrochen habe, unterstützt und motiviert haben. An euch alle Danke!

Dirk Muschenich